AF568720

REBECCA DANAI

AFRIKANISCHES Kochbuch

Email: info@edition-lunerion.de
www.edition-lunerion.de

Psiana eCom UG
Berumer Str. 44
26844 Jemgum

Vorwort

Die endlosen Dünen der Sahara-Wüste, einzigartige Tierwelten, grandiose Strandkulissen und orientalisch anmutendes Basartreiben: Afrika beeindruckt mit gigantischer Vielfalt und genau das zeigt sich auch in der Küche. Um diese zu erkunden, müssen Sie jedoch keinen Flug buchen – schnappen Sie sich einfach dieses Kochbuch und begeben Sie sich auf die Schlemmerreise!

Mediterran-arabische Einflüsse im Norden, nahrhafte Eintöpfe im Westen, asiatisch-europäischer Einschlag im Süden und ein gehaltvoller Mix aus Indisch-Arabisch im Herzen des Kontinents: Afrikas Küchen bilden die lange und spannende Geschichte der Wiege der Menschheit ab und haben heute für jeden Geschmack reichlich Auswahl in petto. Mit diesem Buch unternehmen Sie einen kulinarischen Streifzug durch die unterschiedlichen Regionen und holen sich den Originalgeschmack Afrikas ganz einfach nach Hause. Bei den abwechslungsreichen Rezepten ist für alle Vorlieben etwas dabei – von leicht und frisch über würzig und deftig bis hin zu süß-raffiniert entdecken Sie hier verschiedenste Leckereien für den kleinen und den großen Hunger. Ob Veggie, überzeugter Fleischesser oder Fischfreund, hier kommt jeder auf seine Kosten, und das klappt dank Supermarkt & Spezialitätenläden längst auch hierzulande problemlos.

Guten Appetit!

INHALT

Wissenswertes

So unterschiedlich die Völker und Kulturen sind, so unterschiedlich ist auch die kulinarische Seite Afrikas. Trotzdem sind hier viele Ähnlichkeiten zu beobachten. Etliche Speisen sind auf dem gesamten Kontinent bekannt, aber mit anderen Zutaten zubereitet. Es kommt immer darauf an, was in dem jeweiligen Land am besten angebaut werden kann.

Nun ist es aber so, dass es eigentlich gar keine rein afrikanische Küche gibt. Afrika wurde durch Kolonialherren beherrscht, die auch entsprechende Speisen und Lebensmittel einführten. So werden Sie Ähnlichkeiten zur europäischen Küche in Westafrika finden, aber auch zur asiatischen Küche in Ostafrika.

Die allgemeine Küche Afrikas wird unterteilt in die nordafrikanische, westafrikanische, südafrikanische und zentralafrikanische.

Die nordafrikanische Küche wird vor allem vom mediterranen und arabischen Raum beeinflusst. So finden Sie hier viele Speisen, die zum Beispiel auch in der Türkei angeboten werden. Fisch und Meeresfrüchte stehen auf dem Speiseplan, ebenso Lamm- oder Schaf- und Ziegenfleisch. Weiterhin sind Datteln, Mandeln und Oliven weit verbreitet. An Gewürzen kommen meist Safran, Kreuzkümmel, Zimt, Muskat und Koriander zum Einsatz.

Die westafrikanische Küche ist sehr vielfältig. Die Kochbanane spielt hier eine große Rolle. Sie wird entweder frittiert oder gebraten serviert. Wie in den übrigen Teilen Afrikas kommen auch hier sehr kalorienreiche Speisen auf den Tisch. Die Mahlzeit muss lange satt machen.

Die südafrikanische Küche hat einen Einfluss aus Asien und Europa. Hier kommen spezielle Fleisch- und Fischgerichte auf den Tisch sowie die unterschiedlichsten Salate und Früchte. Fleisch ist hier der Hauptbestandteil der Nahrung. Zudem ist in Südafrika ein großes Weinanbaugebiet beheimatet.

Die zentralafrikanische Küche hat prägende Bestandteile aus Indien, Arabien und Europa. Hier wird sehr stärkehaltig gegessen. Ein Brei aus Maismehl ist hier das Nationalgericht und kommt fast immer auf den Tisch.

Die Essgewohnheiten haben rein gar nichts mit denen der Europäer oder anderer westlicher Länder zu tun. Bei afrikanischen Familien werden Sie zum Beispiel ein Besteck vergeblich suchen ... hier wird mit den Händen gegessen. Als Besteckersatz dient in der Regel ein Stück Brot. Ebenso bekommt nicht jeder Esser am Tisch einen eigenen Teller. Die Gerichte werden vielmehr in der Mitte des Tisches platziert und jeder nimmt sich, was er gerade möchte, eben mit dem besagten Stück Brot.

Die Mahlzeiten sind innerhalb der Familie auch ein gesellschaftliches Ereignis. Es wird niemals allein gegessen, sondern immer in Gesellschaft. Am Vormittag und am Abend kommt die ganze Familie zum Essen zusammen.

Afrika zählt immer noch zu den ärmsten Ländern der Welt. Als Grundnahrungsmittel dienen hier vor allem Hirse, Reis und Maniok. Der Maniok ist eine Art Kartoffel und verfügt über sehr viele Kalorien. In Afrika wird nämlich gegessen, um satt zu werden, und da nicht immer genügend Lebensmittel zur Verfügung stehen, muss eine solche Mahlzeit auch lange vorhalten.

Dennoch gibt es viele afrikanische Spezialitäten, die es wert sind, auf dem heimischen Herd nachgekocht zu werden. Es ist möglich, dass Sie nicht immer die Originalzutaten wie in Afrika bekommen, jedoch gibt es annehmbare Alternativen, die dem Original sehr nahekommen. Viel Spaß beim Kochen und Probieren.

EINKAUFSLISTE

Chorbanudeln – spezielle Suppennudeln, in arabischen Lebensmittelmärkten erhältlich

Filoteig – dünne Teigblätter, in türkischen Lebensmittelmärkten erhältlich

Couscous – in gut sortierten Lebensmittelläden erhältlich

Ras el-Hanout – Gewürzmischung für Fleisch, Couscous usw., in arabischen Lebensmittelläden erhältlich

Gunpowder – Chinesischer grüner Tee

Wachtelbohnen – Pintobohnen

Amaranth – sogenanntes Pseudogetreide

Currypaste – thailändische Gewürzpaste

Bimi Broccoli – besondere Broccoliart

Yakonsirup – in einem gut sortierten Lebensmittelgeschäft erhältlich

Freekeh – Getreide aus unreif geerntetem und anschließend geröstetem Hartweizen

Sambal Oelek – Würzsoße aus Indonesien; erhältlich im Supermarkt

Frühstück

FOUL (ÄGYPTISCHES BOHNENMUS)

4 Port. | 20 Min. | Leicht

Zutaten

etwas Olivenöl
1 Prise Pfeffer
Tahini nach Bedarf (Rezept in diesem Kochbuch)
1 Prise Salz
1–2 Dosen Foul Medammes (ägyptische Bohnen)
1 Msp. Kreuzkümmel

Nährwerte p. P.

241 kcal
21 g Kohlenhydrate
12 g Fett
10 g Eiweiß

1 Geben Sie die Bohnen zum Abtropfen in ein Küchensieb. Währenddessen erhitzen Sie etwas Olivenöl in einem Topf. Braten Sie die Bohnen darin an und würzen Sie sie mit Salz, Pfeffer und dem Kreuzkümmel.

2 Pürieren Sie die Zutaten mit einem Pürierstab.

3 Füllen Sie etwas Tahini nach Belieben hinzu und rühren Sie die Zutaten kurz um. Köcheln Sie alles bei niedriger Temperatur für etwa 10 Minuten.

Tipp: Richten Sie das Bohnenmus mit einem Fladenbrot sowie Tomaten, Feta, Oliven, Gurke und frittierten Auberginen mit Tameija und Pommes an, steht ein komplettes ägyptisches Frühstück auf dem Tisch.

CHAKCHOUKA (TUNESISCHE EIERSPEISE)

 4 Port.

 50 Min.

 Leicht

Zutaten

4 EL Olivenöl
4 Knoblauchzehen
4 Tomaten
1 TL Cayennepfeffer
4 Eier
2 Paprika, rot
2 Prisen Kreuzkümmel
1 Prise Salz
Harissa nach Belieben (Rezept in diesem Kochbuch)

Nährwerte p. P.

280 kcal
10 g Kohlenhydrate
22 g Fett
8 g Eiweiß

1 Übergießen Sie die Tomaten mit heißem Wasser und entfernen Sie die Haut und die Kerne. Schneiden Sie sie in Würfel. Säubern Sie die Paprika und entfernen Sie die Kerne. Schneiden Sie sie in Streifen. Pellen Sie den Knoblauch und hacken Sie ihn in feine Stücke.

2 Erhitzen Sie das Öl in einer Pfanne und braten Sie darin den Knoblauch und die Paprikastreifen an. Anschließend geben Sie die Tomatenwürfel dazu. Köcheln Sie alles, bis die Flüssigkeit verkocht ist.

3 Würzen Sie die Speise mit Kreuzkümmel, Cayennepfeffer und Salz. Legen Sie einen Deckel auf und köcheln Sie die Zutaten für etwa 30 Minuten. Rühren Sie zwischendurch um. Wenn Sie mögen, können Sie noch etwas Harissa nach Geschmack hinzufügen.

4 Nach der Garzeit bilden Sie 4 Mulden im Gemüse und geben die Eier als Spiegeleier in diese. Braten Sie die Speise weiter, bis das Eiweiß gestockt, das Eigelb aber noch flüssig ist.

MAROKKANISCHE PFANNKUCHEN

6 Port. 90 Min. Mittel

Zutaten

½ TL Trockenhefe
350 ml Wasser, warm
300 g Mehl
5 g Salz
etwas Öl zum Braten

Nährwerte p. P.

232 kcal
36 g Kohlenhydrate
7 g Fett
5 g Eiweiß

1 Geben Sie das Mehl und das Salz in eine Rührschüssel und vermischen Sie die Zutaten miteinander.

2 In einer zweiten Schüssel lösen Sie die Hefe im Wasser auf. Geben Sie die Mischung zum Mehl und verarbeiten Sie alles zu einem glatten Teig, bis er sich vom Rand der Schüssel löst. Gegebenenfalls fügen Sie noch etwas Wasser oder Mehl hinzu. Decken Sie die Schüssel ab und stellen Sie sie für etwa 30 Minuten beiseite.

3 Nach der Ruhezeit teilen Sie den Teig in 6 Stücke. Ölen Sie sich die Hände und eine geeignete Arbeitsfläche ein. Legen Sie eine Teigkugel auf die Arbeitsfläche und formen Sie daraus ein Quadrat mit einer Seitenlänge von etwa 20 Zentimetern. Nun falten Sie die Außenseiten des Fladens zur Mitte und rollen den entstandenen Teigstreifen so eng es geht auf. Stellen Sie ihn senkrecht auf die Arbeitsfläche und drücken Sie ihn wieder flach, bis ein Kreis entstanden ist. Dieser soll etwa einen Durchmesser von 20 Zentimetern erhalten. Wiederholen Sie die letzten Schritte, bis der Teig aufgebraucht ist.

4 Erhitzen Sie etwas Öl in einer Pfanne und braten Sie die Pfannkuchen von beiden Seiten, bis sie eine hellbraune Farbe angenommen haben.

UJI (PORRIDGE AUS KENIA)

1 Port.

30 Min.
2 T. Einweichzeit

Leicht

Zutaten

2 EL Amaranth
3 EL Maismehl
2 Tassen Wasser
Nüsse nach Belieben
Früchte nach Belieben
etwas Zimt
etwas Ingwer

Nährwerte p. P.

589 kcal
85 g Kohlenhydrate
19 g Fett
15 g Eiweiß

1 Weichen Sie das Amaranth mindestens für zwei Tage ein.

2 Am Zubereitungstag geben Sie das Pseudogetreide mit dem Wasser und dem Maismehl in einen Topf. Kochen Sie es einmal auf und reduzieren Sie dann die Temperatur.

3 Köcheln Sie das Uji, bis es zähflüssig wird. Nehmen Sie es von der Kochstelle und stellen Sie es kurz beiseite, es wird in dieser Zeit noch dicker.

4 Währenddessen zerkleinern Sie die gewünschten Früchte und Nüsse. Über die Früchte können Sie etwas Zimt und Ingwer streuen.

Tipp: Durch das Einweichen (Fermentieren) bekommt die Speise einen herben, säuerlichen Geschmack. Um dies zu vermeiden, können Sie das verwendete Pseudogetreide auch nur eine Nacht einweichen.
Unter Pseudogetreide fallen ebenso Reis, Hirse oder Mais. Auch diese können Sie für dieses Rezept verwenden.

KÜRBISPFANNKUCHEN AUS SÜDAFRIKA

4 Port.

45 Min.

Leicht

Zutaten

5 EL Mehl
500 g Kürbisfleisch
2 TL Backpulver
1 EL Butter
1 Ei, zimmerwarm
1 Prise Zimt, gemahlen
1 Prise Zucker
1 Prise Salz

Nährwerte p. P.

124 kcal
17 g Kohlenhydrate
4 g Fett
4 g Eiweiß

1 Zunächst kochen Sie das Kürbisfleisch und pürieren es anschließend. Stellen Sie es zum Abkühlen beiseite.

2 Geben Sie das Kürbisfleisch in eine Rührschüssel und vermischen Sie es mit dem Backpulver, dem Mehl und einer Prise Salz.

3 Geben Sie das Ei in eine weitere Schüssel und schlagen Sie es zu einer schaumigen Masse. Rühren Sie es unter die Kürbismischung.

4 Erhitzen Sie die Butter in einer Pfanne. Geben Sie den Kürbisteig mit einem Esslöffel in die Pfanne und backen Sie nacheinander kleine Pfannkuchen. Wenden Sie sie zwischendurch; braten Sie sie, bis sie eine goldbraune Farbe angenommen haben.

5 Mischen Sie den Zucker und den Zimt zusammen und streuen Sie sie über die Pfannkuchen.

Salate

BANGAR BIL ZABADI

(ÄGYPTISCHER SALAT MIT ROTE BETE)

2 Port.

45 Min.

Leicht

Zutaten

100 g Tomaten
1 Tasse Joghurt
1 Knoblauchzehe
100 g Gurke
250 g Rote Bete
1 Prise Salz

Nährwerte p. P.

131 kcal
18 g Kohlenhydrate
3 g Fett
7 g Eiweiß

1 Kochen Sie zunächst in einem Topf die Rote Bete, bis sie weich ist. Anschließend entfernen Sie die Schale und schneiden sie in kleine Würfel.

2 In der Zwischenzeit säubern und schälen Sie die Gurke und schneiden sie in Würfel. Waschen Sie die Tomaten ab und schneiden Sie sie in Würfel.

3 Entfernen Sie die Schale vom Knoblauch. Hacken Sie ihn in feine Stücke und rühren Sie ihn mit dem Joghurt zusammen. Würzen Sie nach Geschmack mit etwas Salz.

4 Zum Schluss rühren Sie alle Zutaten vorsichtig zusammen.

SALADE MECHOUIA

(TUNESISCHER SALAT MIT GEGRILLTEM GEMÜSE)

6 Port.

45 Min.

Leicht

Zutaten

1 Paprika, scharf
2 Paprika, süß
2 Knoblauchzehen
3 Zwiebeln
300 g Fetakäse
4 Tomaten
1 Dose Thunfisch
Oliven nach Bedarf
Minze nach Bedarf
1 Prise Salz

Nährwerte p. P.

218 kcal
7 g Kohlenhydrate
15 g Fett
15 g Eiweiß

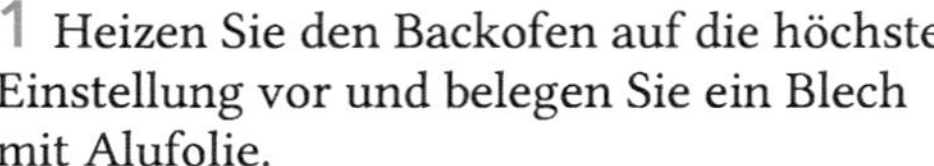

1 Heizen Sie den Backofen auf die höchste Einstellung vor und belegen Sie ein Blech mit Alufolie.

2 Entfernen Sie die Schale der Zwiebeln und halbieren Sie sie. Legen Sie die Zwiebelhälften mit der Schnittfläche auf das Blech. Legen Sie ebenfalls die Tomaten und die Paprika auf das Blech. Backen Sie das Gemüse, bis es eine dunkelbraune Färbung bekommt.

3

4 Pellen Sie den Knoblauch und hacken Sie ihn in grobe Stücke. Schneiden Sie den Fetakäse in Würfel und geben Sie den Thunfisch zum Abtropfen in ein Küchensieb.

5 Anschließend entfernen Sie die Kerne der Paprikaschoten. Zerkleinern Sie das gebackene Gemüse in grobe Stücke und geben Sie den Knoblauch und eine Prise Salz dazu.

6 Richten Sie das Gemüse auf einem Teller an und verteilen Sie darüber den Fetakäse, den Thunfisch, die Oliven und die Minze.

ZAALOUK (MAROKKANISCHER AUBERGINENSALAT)

4 Port.

45 Min.

Leicht

Zutaten

5 Stängel Petersilie
2 Tomaten
5 Stängel Koriander
1 Aubergine
1 EL Olivenöl
3 Knoblauchzehen
1 TL Paprikapulver
1 Prise Chiliflocken
1 TL Salz
½ TL Kreuzkümmel
200 ml Wasser

Nährwerte p. P.

69 kcal
5 g Kohlenhydrate
4 g Fett
2 g Eiweiß

1 Waschen Sie die Aubergine und schneiden Sie sie in Würfel. Sie können vorher die Schale entfernen, es ist aber nicht notwendig. Säubern Sie die Tomaten und schneiden Sie sie in kleine Würfel. Spülen Sie die Kräuter ab und hacken Sie sie in kleine Stücke. Legen Sie ein paar Petersilienblätter zum Garnieren beiseite. Pellen Sie den Knoblauch und hacken Sie ihn in kleine Stücke.

2 Erhitzen Sie das Olivenöl in einer Pfanne und schwitzen Sie die Aubergine darin an. Geben Sie nach einigen Minuten den Knoblauch dazu. Anschließend füllen Sie 200 ml Wasser in die Pfanne und kochen alles einmal auf. Köcheln Sie die Speise bei mittlerer Temperatur für etwa 20 Minuten, bis die Aubergine gar ist.

3 Nun geben Sie die Tomaten dazu und köcheln alles für weitere 10 Minuten. Zwischendurch würzen Sie mit dem Salz, dem Kreuzkümmel, dem Paprikapulver und den Chiliflocken. Am Ende der Garzeit fügen Sie die gehackten Kräuter dazu.

4 Zum Schluss zerstampfen Sie mit einem Kochlöffel oder einem Kartoffelstampfer die Zutaten. Sie können sie grober lassen oder feiner zerstampfen, je nach Ihrem Geschmack.

5 Zum Servieren garnieren Sie den Salat mit den Petersilienblättern.

Tipp: Dieser Salat kann warm wie auch kalt serviert werden. Reichen Sie ein Brot dazu.

KACHUMBARI (KENIANISCHER AVOCADO-SALAT)

2 Port.

30 Min.

Leicht

Zutaten

1 Avocado
2 Tomaten
½ Salatgurke, unbehandelt
1 Chilischote
½ Zwiebel
etwas Limettensaft
etwas Petersilie
1 Prise Salz

Nährwerte p. P.

260 kcal
4 g Kohlenhydrate
24 g Fett
3 g Eiweiß

1 Schneiden Sie alle Zutaten (außer der Petersilie) in mundgerechte Würfel. Geben Sie sie in eine Schüssel und vermengen Sie sie miteinander. Spülen Sie die Petersilie ab und hacken Sie sie in feine Stücke. .

2 Würzen Sie den Salat nach Belieben mit Salz und dem Limettensaft.

3 Zum Servieren streuen Sie die frische Petersilie über den Salat.

BANANENSALAT AUS SÜDAFRIKA

4 Port.

80 Min.

Leicht

Zutaten

1 Zitrone, unbehandelt
15 g Senf
6 Bananen
4 Eigelb
240 ml Sonnenblumenöl
2 TL Marillenmarmelade
1 Bund Blattsalat
2 TL Currypulver
1 Prise Salz
1 Prise Pfeffer

Nährwerte p. P.

752 kcal
39 g Kohlenhydrate
61 g Fett
10 g Eiweiß

1 Reiben Sie etwas Zitronenschale ab und pressen Sie die Zitrone anschließend aus. Entfernen Sie die Schale der Bananen und schneiden Sie sie in Scheiben.

2 Geben Sie die Eigelbe in eine Schüssel und vermischen Sie sie mit dem Senf. Fügen Sie die Zitronenschale und den Zitronensaft dazu und verrühren Sie alle Zutaten miteinander. Füllen Sie nun unter Rühren langsam das Öl hinzu. Rühren Sie so lange, bis Sie eine glatte Masse erhalten. Würzen Sie mit Salz und Pfeffer.

3 Zum Schluss rühren Sie die Marmelade und das Currypulver unter die Masse und heben anschließend die Bananenscheiben unter. Stellen Sie die Schüssel für etwa 1 Stunde in den Kühlschrank.

4 Zum Servieren richten Sie etwas Blattsalat auf einem Teller an und geben die Bananenmischung darauf.

FREEKEH (NORDAFRIKANISCHER SALAT)

6 Port.

45 Min.

Leicht

Zutaten

1 Zwiebel, rot
150 g Freekeh (alternativ Bulgur oder Buchweizen)
150 ml Gemüsebrühe
50 g Pinienkerne
100 g griechischer Joghurt
1 EL Olivenöl
1 EL Butterschmalz
½ Zitrone
3 Stiele Koriander
3 Stiele Minze
3 Stiele Petersilie
1 Msp. Piment
1 Msp. Zimt
1 Prise Salz
1 Prise Pfeffer

Nährwerte p. P.

195 kcal
23 g Kohlenhydrate
10 g Fett
6 g Eiweiß

1 Geben Sie das Freekeh in eine Schüssel mit Wasser und weichen Sie es für etwa 10 Minuten ein. Anschließend füllen Sie es in ein Küchensieb und spülen es sorgfältig ab. Pellen Sie die Zwiebel und schneiden Sie sie in kleine Würfel.

2 Erhitzen Sie das Butterschmalz in einer Pfanne und dünsten Sie darin die Zwiebel glasig an. Geben Sie das Freekeh, das Piment, den Zimt und die Gemüsebrühe dazu. Mischen Sie die Zutaten einmal durch und legen Sie einen Deckel auf die Pfanne. Köcheln Sie alles bei mittlerer Temperatur für etwa 10 Minuten. Anschließend nehmen Sie den Deckel ab und köcheln die Speise für weitere 5 Minuten. Stellen Sie die Pfanne zum Abkühlen für etwa 10 Minuten beiseite.

3 In der Zwischenzeit spülen Sie die Kräuter ab und hacken sie in kleine Stücke. Reiben Sie etwa ½ Teelöffel Zitronenschale ab und pressen Sie anschließend die Zitrone aus. Verrühren Sie den Joghurt mit der Zitronenschale und 1 Esslöffel Zitronensaft. Würzen Sie mit Salz und Pfeffer.

4 Schmecken Sie nun das Freekeh mit Salz und Pfeffer ab. Geben Sie die Kräuter und das Olivenöl dazu und rühren Sie die Zutaten zusammen.

5 Zum Servieren richten Sie den Salat auf einem Teller an und geben einen Klecks Joghurt obenauf. Garnieren Sie die Speise mit den Pinienkernen.

Suppen

AFRIKANISCHE SÜẞKARTOFFELSUPPE

 4 Port.  60 Min.  Leicht

Zutaten

2 Zwiebeln
200 g Linsen, rot
900 ml Gemüsebrühe
600 g Süßkartoffeln
2 Lorbeerblätter
4 EL Tahina
2 EL Sesamöl
1 Stck. Ingwer, klein
etwas Zitronensaft
1 Prise Salz
1 Prise Pfeffer
1 Prise Piment
1 Prise Kurkuma
1 Prise Kreuzkümmel
1 Prise Koriander

Nährwerte p. P.

531 kcal
70 g Kohlenhydrate
17 g Fett
20 g Eiweiß

1 Pellen Sie die Zwiebeln und schneiden Sie sie in Würfel. Schälen Sie die Süßkartoffeln und schneiden Sie sie in grobe Stücke. Säubern Sie den Ingwer und schneiden Sie ihn in Scheiben.

2 Erhitzen Sie das Sesamöl in einer Pfanne und braten Sie darin die Zwiebeln und die Süßkartoffeln an. Fügen Sie die Linsen, den Ingwer und die Lorbeerblätter hinzu. Füllen Sie anschließend die Gemüsebrühe in die Pfanne und köcheln Sie die Zutaten bei niedriger Temperatur für etwa 20 Minuten.

3 Nach der Kochzeit holen Sie die Lorbeerblätter und die Ingwerscheiben aus der Pfanne. Geben Sie das Tahina hinein und pürieren Sie alle Zutaten mit einem Pürierstab.

4 Würzen Sie die Suppe mit Salz und Pfeffer. Füllen Sie den Zitronensaft hinzu und schmecken Sie die Speise mit den übrigen Gewürzen ab.

CHORBA TUNISIENNE

(TUNESISCHE HÜHNERSUPPE)

2 Port.

45 Min.

Leicht

Zutaten

1 Zwiebel
1 Handvoll Chorbanudeln (alternativ Suppennudeln)
2 EL Olivenöl
250 g Hühner-/Hähnchenfleisch
2 EL Tomatenmark
1 Bund Petersilie
1 Prise Pfeffer
1 Prise Salz
etwas Wasser

Nährwerte p. P.

411 kcal
24 g Kohlenhydrate
20 g Fett
33 g Eiweiß

1 Spülen Sie die Petersilie ab und hacken Sie sie in feine Stücke. Entfernen Sie die Schale der Zwiebel und schneiden Sie sie in kleine Würfel. Schneiden Sie das Fleisch in mundgerechte Stücke.

2 Erhitzen Sie das Olivenöl in einem Topf und braten Sie die Zwiebel darin an. Geben Sie das Tomatenmark dazu und würzen Sie mit Salz und Pfeffer. Schmoren Sie die Zutaten für ein paar Minuten.

3 Anschließend fügen Sie das Fleisch dazu und braten es mit an. Gießen Sie etwas Wasser hinzu, bis die Soße eine cremige Konsistenz bekommt. Köcheln Sie die Suppe für etwa 15 Minuten.

4 Nach der Kochzeit geben Sie eine Handvoll Nudeln in die Suppe. Vielleicht müssen Sie noch etwas Wasser hinzufügen. Köcheln Sie die Suppe weiter, bis die Nudeln gar sind.

5 Zum Servieren rühren Sie die Petersilie unter die Suppe.

HARIRA (MAROKKANISCHE SUPPE)

4 Port.

100 Min.

Leicht

Zutaten
300 g Lammschulter
400 g Tomaten, geschält (Konserve)
200 g Kichererbsen, gekocht (Konserve)
100 g Möhren
100 g Suppennudeln
100 g Linsen, braun
1 Stange Staudensellerie
2 Zitronen
½ Bund Petersilie
½ Bund Koriander
2 Zwiebeln
1 TL Paprikapulver, edelsüß
3 EL Mehl
1 EL Sonnenblumenöl
½ TL Koriander, gemahlen
1 EL Ras el-Hanout (Rezept in diesem Kochbuch; alternativ: Curry)
1 EL Tomatenmark
2 TL Kurkuma, gemahlen
1 Prise Pfeffer
1 Prise Salz
1 l + 3 EL Wasser

Nährwerte p. P.

325 kcal
40 g Kohlenhydrate
6 g Fett
24 g Eiweiß

1 Pellen Sie die Zwiebeln und schneiden Sie sie in feine Würfel. Schälen Sie die Möhren und schneiden Sie sie in kleine Stücke. Spülen Sie die Sellerie ab und schneiden Sie sie ebenfalls in kleine Stücke. Das Lammfleisch zerteilen Sie in mundgerechte Würfel.

2 Erhitzen Sie das Öl in einem ausreichend großen Topf und braten Sie das Fleisch darin an. Nehmen Sie es heraus und geben Sie die Zwiebeln, die Sellerie und die Möhren in den Topf. Braten Sie alles für ein paar Minuten an. Anschließend fügen Sie das Tomatenmark hinzu und rösten es an.

3 Füllen Sie 1 Liter Wasser in den Topf und geben Sie die Fleischwürfel, die Kichererbsen und die Linsen hinein. Würzen Sie die Suppe mit Salz, Pfeffer, Kurkumapulver, Koriander, Paprikapulver und Ras el-Hanout. Köcheln Sie die Speise bei niedriger Temperatur für etwa eine Stunde.

4 In der Zwischenzeit mischen Sie das Mehl mit 3 Esslöffeln Wasser zu einer glatten Masse. Nach der Kochzeit geben Sie die Mehlmischung unter Rühren in die Suppe. Sie soll eine dickliche Konsistenz erhalten. Nun geben Sie die Suppennudeln und die geschälten Tomaten hinzu und köcheln die Suppe für weitere 15 Minuten.

5 Währenddessen pressen Sie die Zitronen aus und spülen den Koriander und die Petersilie ab. Zupfen Sie die Blätter der Kräuter ab und geben Sie sie am Ende der Kochzeit mit dem Zitronensaft in die Suppe. Schmecken Sie das Gericht nochmals mit Salz ab.

SÜDAFRIKANISCHE BANANENSUPPE

4 Port. 30 Min. Leicht

Zutaten

4 Kochbananen
1 l Gemüsebrühe
1 Knoblauchzehe
1 Dose Mais
1 TL Estragon, getrocknet
50 g Butter
1 Tomate
2 Zwiebeln
1 Chilischote
1 Prise Salz
1 Prise Pfeffer
1 Prise Muskat

Nährwerte p. P.

183 kcal
28 g Kohlenhydrate
4 g Fett
4 g Eiweiß

1 Pellen Sie den Knoblauch und die Zwiebeln. Schneiden Sie die Zwiebeln in Würfel und pressen Sie den Knoblauch in ein kleines Schälchen. Entfernen Sie die Schale der Bananen und schneiden Sie sie in Scheiben. Säubern Sie die Tomate und schneiden Sie sie in Würfel. Geben Sie den Mais zum Abtropfen in ein Sieb. Waschen Sie die Chilischote, entfernen Sie die Kerne und schneiden Sie sie in kleine Stücke.

2 Erhitzen Sie die Butter in einer großen Pfanne und braten Sie die Zwiebeln darin an. Geben Sie den gepressten Knoblauch, die Bananenscheiben, die Tomatenwürfel und den Mais dazu und schmoren Sie alle Zutaten für etwa 5 Minuten. Anschließend fügen Sie die Chili dazu und rühren alle Zutaten gut durch.

3 Gießen Sie die Gemüsebrühe in die Pfanne und schmecken Sie die Suppe mit Salz, Pfeffer, Estragon und Muskat ab.

ALGERISCHE TOMATENSUPPE

4 Port.

130 Min.

Leicht

Zutaten

250 g Lammlende
200 g Tomaten, gelb
2 EL Olivenöl
80 g Reisnudeln
1 Prise Pfeffer
1 Prise Salz
Minze zum Garnieren
50 g Möhren
50 g Stangensellerie
1 EL Tomatenmark
2 EL Olivenöl
700 g Tomaten
1 Chilischote, rot
1 Knoblauchzehe
80 g Zwiebeln
¾ l Gemüsebrühe
1 Prise Salz
1 Prise Pfeffer
1 TL Minze, gehackt

Nährwerte p. P.

31 kcal
2 g Kohlenhydrate
1 g Fett
4 g Eiweiß

1 Säubern Sie die roten Tomaten und schneiden Sie sie in grobe Würfel. Pellen Sie die Zwiebeln und den Knoblauch und hacken Sie beides in kleine Stücke. Waschen Sie die Möhren und die Sellerie und schneiden Sie beides in kleine Würfel. Schneiden Sie das Fleisch in mundgerechte Stücke. Würzen Sie es mit Salz und Pfeffer. Übergießen Sie die gelben Tomaten mit heißem Wasser und entfernen Sie anschließend die Haut. Schneiden Sie sie in kleine Würfel. Kochen Sie die Reisnudeln nach Packungsbeilage und gießen Sie sie anschließend ab.

2 Erhitzen Sie das Olivenöl in einem Topf und dünsten Sie darin die Zwiebeln und den Knoblauch an. Geben Sie die Möhren, die Chili, die roten Tomatenwürfel und die Sellerie dazu und dünsten Sie alles für etwa 3 bis 4 Minuten. Rühren Sie immer wieder um.

3 Fügen Sie das Tomatenmark und die Minze dazu. Anschließend füllen Sie die Gemüsebrühe in den Topf und würzen mit Salz und Pfeffer. Köcheln Sie die Suppe bei niedriger Temperatur für etwa 30 Minuten. Anschließend passieren Sie die Flüssigkeit durch ein Sieb und füllen sie wieder in den Topf. Erhitzen Sie die Suppe erneut.

4 Erhitzen Sie etwas Öl in einer Pfanne und braten Sie das Fleisch darin an. Anschließend geben Sie es zur Suppe in den Topf. Füllen Sie ebenfalls die Reisnudeln und die gelben Tomatenwürfel dazu und rühren Sie alle Zutaten zusammen. Erhitzen Sie die Suppe noch einmal und füllen Sie sie zum Servieren auf einen vorgewärmten Teller. Garnieren Sie die Speise mit Minzblättern.

Brote

AISH BALADI (ÄGYPTISCHES FLADENBROT)

4 Port.

165 Min.

Leicht

Zutaten

500 g Mehl, Type 405
½ TL Zucker
100 g Weizenkleie
Wasser, lauwarm
1 Pck. Trockenhefe
1 TL Salz

Nährwerte p. 100g

336 kcal
70 g Kohlenhydrate
1 g Fett
10 g Eiweiß

1 Füllen Sie das Mehl mit einer Handvoll Weizenkleie und dem Salz in eine Rührschüssel. Vermengen Sie in einer zweiten Schüssel die Hefe und den Zucker. Füllen Sie etwas lauwarmes Wasser dazu und rühren Sie alles gut durch. Nach etwa 5 Minuten mischen Sie das Hefewasser in die Mehlmischung und kneten alles zu einem geschmeidigen Teig. Stellen Sie die Schüssel abgedeckt für etwa zwei Stunden beiseite.

2 Geben Sie etwas Weizenkleie auf einen flachen Teller und bestäuben Sie Ihre Hände mit etwas Mehl. Bilden Sie kleine Kugeln aus dem Teig. Legen Sie diese auf den Teller mit der Weizenkleie.

3 Bereiten Sie eine Arbeitsfläche mit ausgestreuter Weizenkleie vor. Formen Sie darauf aus den Teigkugeln kleine Fladen, die etwa 1 Zentimeter dick sind.

4 Verwenden Sie zum Backen einen arabischen Ofen. Alternativ können Sie das Brot auch im Backofen backen. Heizen Sie diesen auf 250 °C Ober- und Unterhitze vor. Die Brote sollen ballonartig aufgehen.

KESRA (TUNESISCHES GRIEẞBROT)

Mehrere kleine Fladen

45 Min.

Leicht

Zutaten

200 ml Olivenöl
400 ml Wasser, warm
1 kg Grieß
1 TL Salz
1 Pck. Hefe

Nährwerte p. 100g

428 kcal
57 g Kohlenhydrate
17 g Fett
8 g Eiweiß

1 Geben Sie den Grieß mit dem Salz und dem Öl in eine Rührschüssel. Vermischen Sie die Zutaten zu einer klumpigen Masse.

2 Fügen Sie die Hefe dazu. Anschließend füllen Sie nach und nach das warme Wasser dazu. Kneten Sie mit den Knethaken eines Mixers die Mischung dabei ständig weiter, bis ein glatter Teig entstanden ist.

3 Teilen Sie den Teig in kleine Kugeln und stellen Sie ihn für etwa 15 Minuten zum Ruhen beiseite.

4 Drücken Sie jede Teigkugel zu einem etwa 1 Zentimeter dicken Fladen flach. Stechen Sie mit einer Gabel Löcher hinein und stellen Sie die Fladen für etwa 5 Minuten zum Ruhen beiseite.

5 Backen Sie die Brotfladen in einer Pfanne von jeder Seite 5 bis 10 Minuten.

BATBOUT (MAROKKANISCHES FLADENBROT)

6 Port.

60 Min.

Leicht

Zutaten

100 g Grieß, Hartweizen
½ TL Zucker
500 g Mehl
1 TL Salz
½ Würfel Hefe
350 ml Wasser, warm
Öl zum Braten
Grieß zum Bestreuen

Nährwerte p. P.

345 kcal
71 g Kohlenhydrate
1 g Fett
10 g Eiweiß

1 Geben Sie das Mehl mit Salz und Grieß in eine Rührschüssel und vermischen Sie die Zutaten miteinander.

2 In einer zweiten Rührschüssel mischen Sie den Zucker mit der Hefe und dem warmen Wasser.

3 Bilden Sie im Mehlgemisch ein Loch und füllen Sie die Hefemischung dort hinein. Verarbeiten Sie die Zutaten zu einem geschmeidigen Teig. Stellen Sie die Schüssel abgedeckt für etwa 30 Minuten beiseite.

4 In der Zwischenzeit bestreuen Sie eine geeignete Arbeitsfläche mit etwas Grieß. Kneten Sie den Teig hier noch einmal gut durch. Teilen Sie ihn in 6 Portionen und formen Sie daraus jeweils eine Kugel, die Sie anschließend zu einem Fladen zusammendrücken.

5 Erhitzen Sie etwas Öl in einer Pfanne und backen Sie darin die Teigfladen von beiden Seiten, bis sie eine goldbraune Farbe angenommen haben.

Tipp: Dieses Brot schmeckt als Beilage zu allen Fleischgerichten oder Salaten.

KENIANISCHES ELEFANTENFUẞBROT

1 Brot 90 Min. Leicht

Zutaten

1 l Wasser, lauwarm
3 EL Salz
1 kg Mehl
25 g Trockenhefe
500 g Kartoffeln
etwas Mehl für das Backblech

Nährwerte p. Brot

3903 kcal
808 g Kohlenhydrate
11 g Fett
119 g Eiweiß

1 Schälen Sie die Kartoffeln und kochen Sie sie in Salzwasser gar. Stellen Sie sie zum Abkühlen beiseite. Anschließend zerdrücken Sie mit einer Gabel die Kartoffeln.

2 Geben Sie dem Kartoffelmus das Mehl, das Salz und die Hefe bei. Formen Sie in der Mitte ein Loch und füllen Sie dort das lauwarme Wasser hinein. Verkneten Sie die Zutaten zu einem geschmeidigen Teig. Fetten Sie eine Schüssel ein und formen Sie aus dem Teig eine Kugel. Legen Sie sie in die Schüssel und stellen Sie sie für eine Stunde beiseite.

3 Bilden Sie im Mehlgemisch ein Loch und füllen Sie die Hefemischung dort hinein. Verarbeiten Sie die Zutaten zu einem geschmeidigen Teig. Stellen Sie die Schüssel abgedeckt für etwa 30 Minuten beiseite.

4 Verteilen Sie etwas Mehl auf einem Backblech. Formen Sie aus dem Teig einen Brotlaib von beliebiger Form, sie können ihn rund oder eckig gestalten. Legen Sie es auf das Blech und drücken Sie die obere Seite etwas flach. Stellen Sie das Blech zum Ruhen für etwa 30 Minuten beiseite.

5 In der Zwischenzeit heizen Sie den Backofen auf 200 °C Umluft vor. Backen Sie das Brot für etwa 60 bis 75 Minuten.

MIELIE BREAD (SÜDAFRIKANISCHES MAISBROT)

1 Brot

170 Min.

Mittel

Zutaten

270 g Mehl
50 g Butter, zerlassen
125 ml Milch, lauwarm
1 EL Zucker
250 g Mais, Konserve
1 TL Salz
30 g Maisstärke (alternativ: Maismehl oder Speisestärke)
1 TL Paprikapulver, geräuchert
1 Pck. Trockenhefe
1 TL Kurkuma
2 Eier, Raumtemperatur
1 EL Sonnenblumenöl

Nährwerte p. Brot

2071 kcal
270 g Kohlenhydrate
79 g Fett
53 g Eiweiß

1 Geben Sie das Mehl und die Maisstärke in eine Schüssel und vermischen Sie beides miteinander. Bilden Sie in der Mitte ein Loch und füllen Sie die Hefe und den Zucker hinein. Fügen Sie etwa ein Drittel der lauwarmen Milch hinzu und rühren Sie die Zutaten leicht zusammen. Stellen Sie die Schüssel für etwa 10 Minuten beiseite.

2 Währenddessen geben Sie den Mais und den Rest der lauwarmen Milch in einen Standmixer und pürieren die Zutaten zu einem Brei. Alternativ können Sie auch einen Pürierstab verwenden.

3 Nehmen Sie die Schüssel mit dem Mehlgemisch hervor. Mischen Sie etwas Mehl vom Rand in die Mitte zum Hefegemisch. Geben Sie die Eier, die Gewürze und den Maisbrei dazu. Vermischen Sie die Zutaten miteinander und geben Sie währenddessen nach und nach die geschmolzene Butter dazu. Zum Schluss füllen Sie 1 Esslöffel Sonnenblumenöl hinein und kneten mit dem Handrührgerät alle Zutaten für etwa 10 Minuten zusammen. Legen Sie ein Stück Frischhaltefolie und ein Geschirrtuch über die Schüssel und stellen Sie sie für etwa 60 Minuten an einen warmen Ort.

4 In der Zwischenzeit belegen Sie eine Kastenform mit Backpapier. Geben Sie nach der Ruhezeit den Teig hinein. Schütteln Sie die Form einige Male hin und her, damit sich der Teig gut verteilt. Decken Sie die Form ab und stellen Sie sie für weitere 20 Minuten beiseite.

5 Heizen Sie den Backofen auf 180 °C Ober-/Unterhitze vor. Backen Sie das Brot für etwa 50 Minuten. Prüfen Sie mit einem Zahnstocher, ob das Brot gar ist.

Tipp: Vor dem Backen können Sie das Brot mit Sesam bestreuen.

INJERA (ÄTHIOPISCHES FLADENBROT)

1 Brot

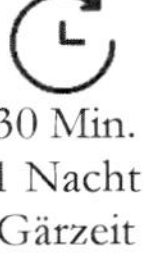
30 Min.
1 Nacht
Gärzeit

Mittel

Zutaten

450 g Mehl (Weizen- oder Hirsemehl)
1 Würfel Hefe
700 ml Wasser, lauwarm
1 Prise Salz

Nährwerte p. P.

1563 kcal
320 g Kohlenhydrate
5 g Fett
50 g Eiweiß

1 Geben Sie das lauwarme Wasser in eine Schüssel und bröseln Sie den Hefewürfel hinein. Anschließend fügen Sie das Mehl hinzu und verrühren alles miteinander. Würzen Sie den Teig mit etwas Salz.

2 Decken Sie die Schüssel ab und stellen Sie sie für mindestens eine Nacht zum Ruhen an einen warmen Ort. Je länger der Teig gärt, desto säuerlicher wird er.

3 Am Zubereitungstag reiben Sie zunächst eine Pfanne mit etwas Salz ein. Sie erhalten dann eine raue Oberfläche in der Pfanne und das Fladenbrot gelingt somit besser.

4 Erhitzen Sie die Pfanne ohne Fettzugabe. Geben Sie eine Suppenkelle des Teiges hinein. Durch das Hin- und Herdrehen der Pfanne verteilen Sie den Teig.

5 Backen Sie den Fladen, bis sich an der Oberfläche Löcher und Blasen bilden. Legen Sie einen Deckel auf die Pfanne und garen Sie den Teig, bis er sich vom Rand der Pfanne zu lösen beginnt.

6 Nehmen Sie den Fladen aus der Pfanne und legen Sie ihn zum Abkühlen auf einen Teller. Backen Sie die nächsten Fladen, bis der Teig aufgebraucht ist.

Tipp: Durch die lange Gärzeit erhält dieses Fladenbrot einen säuerlichen Geschmack. Der Teig sollte mindestens eine Nacht ruhen, besser sogar 2 bis 3 Tage.

Vorspeisen

TAMEIJA (ÄGYPTISCHE FALAFEL)

6 Port.

25 Min, 1 Nacht Einweichzeit

Mittel

Zutaten

900 g braune Bohnen, getrocknet
1 Bund Lauchzwiebeln
2 TL Sesam
1 Bund Petersilie
1 Bund Dill
1 TL Koriandersamen
8 Knoblauchzehen
2 Zwiebeln
½ TL Backpulver
½ TL Kreuzkümmel und Chilipulver
1 Prise Pfeffer
1 Prise Salz
etwas Öl

Nährwerte p. P.

137 kcal
15 g Kohlenhydrate
6 g Fett
6 g Eiweiß

1 Weichen Sie die Bohnen über Nacht ein.

2 Am Zubereitungstag schälen Sie die Bohnen. Zerkleinern Sie sie mit einem Pürierstab oder Universalzerkleinerer zu einer geschmeidigen Masse.

3 Spülen Sie die Kräuter ab und hacken Sie sie in kleine Stücke. Entfernen Sie die Schale der Zwiebeln sowie der Lauchzwiebeln und schneiden Sie sie in kleine Würfel. Entfernen Sie auch die Schale vom Knoblauch und pressen Sie ihn in eine kleine Schüssel.

4 Füllen Sie alles mit den pürierten Bohnen in eine Schüssel. Vermischen Sie alle Zutaten gut miteinander und pürieren Sie alles noch einmal durch. Würzen Sie die Mischung mit den Gewürzen.

5 Formen Sie mit einem Löffel kleine Kugeln aus dem Brei. Drücken Sie sie etwas flach und streuen Sie Sesam über die Kugeln.

6 Erhitzen Sie das Öl in einem Topf. Braten Sie die Teigkugeln schwimmend darin aus. Die Kräuter sollen nicht mehr sichtbar sein.

Tipp: Sie können diesen Falafelbrei auf Vorrat zubereiten und einfrieren. Aus einer Menge von etwa 300 g bekommen Sie ca. 10 Falafeln heraus.
Das Grundrezept besteht aus Bohnen, Dill und Petersilie. Dieses ist immer gleich. Alle anderen Zutaten können Sie nach Belieben variieren, auch in der Menge.

TUNESISCHER KICHERERBSEN-SALAT

4 Port.

20 Min.
60 Min
Ruhe-
zeit

Leicht

Zutaten

3 Knoblauchzehen
3 EL Essig
3 Zwiebeln
1 Bund Petersilie
4 EL Olivenöl
1 Dose Kichererbsen
1 Prise Pfeffer
1 Prise Salz
Harissa nach Belieben (Rezept in diesem Kochbuch)

Nährwerte p. P.

209 kcal
18 g Kohlenhydrate
12 g Fett
6 g Eiweiß

1 Spülen Sie die Petersilie ab und hacken Sie sie in feine Stücke. Pellen Sie die Zwiebeln und den Knoblauch. Hacken Sie eine Zwiebel in feine Würfel, die übrigen in größere Würfel und pressen Sie den Knoblauch in eine Rührschüssel. Geben Sie die Zwiebeln dazu und mischen Sie anschließend den Essig, das Öl und die Petersilie dazu. Nun füllen Sie die Kichererbsen zur Mischung und rühren alle Zutaten gut durch. Würzen Sie nach Geschmack mit Salz und Pfeffer.

2 Wenn Sie diesem Salat eine schärfere Note verleihen möchten, geben Sie nach Belieben Harissa dazu.

3 Stellen Sie den Salat für eine Stunde zum Durchziehen beiseite.

MAAKOUDA (MAROKKANISCHE KARTOFFELKUCHEN)

 3 Port.  35 Min.  Leicht

Zutaten

2 Knoblauchzehen
1 TL Kreuzkümmel
2 Eier
550 g Kartoffeln
20 g Petersilie
1 Prise Pfeffer
1 Prise Salz
1 Prise Paprikapulver, edelsüß
etwas Mehl
etwas Öl

Nährwerte p. P.

223 kcal
37 g Kohlenhydrate
4 g Fett
8 g Eiweiß

1 Schälen Sie die Kartoffeln und kochen Sie sie in einem Topf mit Salzwasser, bis sie gar sind.

2 In der Zwischenzeit pellen Sie den Knoblauch und pressen ihn in eine kleine Schale. Spülen Sie die Petersilie ab und hacken Sie sie in feine Stücke.

3 Nach der Kochzeit zerdrücken Sie mit einer Gabel die Kartoffeln zu einem Mus. Geben Sie die Eier, den Knoblauch, die Petersilie sowie die Gewürze dazu. Mischen Sie alle Zutaten gut durch.

4 Formen Sie aus dem Kartoffelteig Kugeln und wenden Sie diese von allen Seiten im Mehl. Anschließend drücken Sie sie etwas flach.

5 Erhitzen Sie etwas Öl in einer Pfanne und braten Sie die Kartoffelfladen von beiden Seiten, bis sie eine hellbraune Farbe angenommen haben.

Tipp: Diese Vorspeise können Sie heiß oder kalt servieren.

Hauptgerichte mit Fleisch & Geflügel

FATTAH (ÄGYPTISCHES FLEISCHGERICHT MIT BROT)

4 Port.

200 Min.

Schwer

Zutaten
Für die Brühe:
700 g Rindfleisch (Suppenfleisch)
2 Zwiebeln
1 Prise Kardamom, gemahlen
1 Lorbeerblatt
1 Prise Kreuzkümmel
½ TL Baharat (Gewürzmischung, Rezept in diesem Kochbuch)
1 Prise Salz
etwas Butter

Für das Brot:
1 EL Rapsöl
4 Scheiben arabisches Brot
1 Prise Salz
1 Prise Knoblauch, gemahlen

Für die Tomatensoße:
6 Knoblauchzehen
4 EL Essig
350 g gehackte Tomaten (Konserve)
½ TL Kreuzkümmel
1 EL Tomatenmark
1 Prise Salz
1 Prise Pfeffer
etwas Öl
Für den Reis:

Brühe:

1 Entfernen Sie die Schale der Zwiebeln und schneiden Sie sie in zwei Hälften. Erhitzen Sie eine kleine Menge Butter in einem Topf.

2 Braten Sie das Suppenfleisch von allen Seiten darin an. Füllen Sie mit Wasser auf, bis das Fleisch gerade damit bedeckt ist, und geben Sie die Zwiebeln, das Lorbeerblatt und die Gewürze hinzu. Köcheln Sie das Fleisch bei niedriger Temperatur für etwa 1,5 Stunden.

Brot:

1 Während der Kochzeit reißen Sie das arabische Brot in nicht zu kleine Teile. Belegen Sie ein Blech mit Backpapier und verteilen Sie die Brotstücke darauf. Streuen Sie Salz und Knoblauchpulver darüber. Anschließend träufeln Sie das Öl über die Brotstücke. Heizen Sie den Backofen auf 200 °C Umluft vor.

2 Rösten Sie das Brot im Backofen. Es ist fertig, wenn es eine goldbraune Färbung bekommen hat.

Tomatensoße:

1 Geben Sie ein wenig Öl in einen Topf. Entfernen Sie die Schale vom Knoblauch und pressen Sie ihn in den Topf. Braten Sie ihn kurz an und füllen Sie den Essig hinein. Geben Sie die Tomaten aus der Konserve dazu und rühren Sie alles gut durch. Anschließend füllen Sie das Tomatenmark hinein und würzen alles mit Kreuzkümmel,

1 EL Margarine
3 Becher Brühe vom Kochsud
1 Becher Fadennudeln
2 EL Rapsöl
1 Becher Wasser
2 Becher Parboiled Reis
1 TL Salz

Nährwerte p. P.

190 kcal
5 g Kohlenhydrate
15 g Fett
9 g Eiweiß

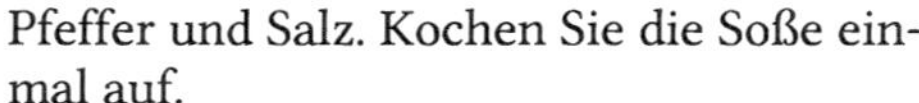

Pfeffer und Salz. Kochen Sie die Soße einmal auf.

2 Nach der Kochzeit des Suppenfleisches nehmen Sie es aus dem Topf und geben es zur Tomatensoße. Garen Sie es hier bei niedriger Temperatur weiter.

Reis:

1 Spülen Sie den Reis in einem Küchensieb ab.

2 Erhitzen Sie in einem Topf die Margarine zusammen mit dem Öl. Braten Sie darin die Fadennudeln an. Geben Sie anschließend den abgetropften Reis dazu. Füllen Sie das Wasser und die Fleischbrühe hinein und würzen Sie nach Bedarf mit dem Salz.

3 Kochen Sie die Zutaten kurz auf. Stellen Sie anschließend die niedrigste Temperatur der Kochstelle ein und lassen Sie den Reis garziehen, bis die Kochflüssigkeit verdampft ist. Rühren Sie zwischendurch nicht um.

Fertigstellung:

1 Geben Sie das geröstete Brot auf einen Teller. Gießen Sie etwas Fleischbrühe darüber und geben Sie dann den Reis darauf. Nun geben Sie etwas Tomatensoße auf den Reis und drapieren das Fleisch darauf. Zum Schluss füllen Sie mit der restlichen Tomatensoße auf.

JILBÄNÄ (TUNESISCHER ERBSENEINTOPF)

4 Port. 90 Min. Leicht

Zutaten

2 Zwiebeln
2 Tomaten
300–500 g Hähnchen-, Rind- oder Lammfleisch
2 Paprika
3 Kartoffeln, groß
1 kleine Dose Erbsen
3 EL Tomatenmark
2 TL Harissa (Rezept in diesem Kochbuch)
1 TL Kreuzkümmel
2 TL Salz
½ TL Chilipulver, scharf
1 TL Koriander
etwas Petersilie
etwas Olivenöl

Nährwerte p. P.

293 kcal
22 g Kohlenhydrate
7 g Fett
33 g Eiweiß

1 Schälen Sie die Kartoffeln und schneiden Sie sie in mundgerechte Würfel. Pellen Sie die Zwiebeln und hacken Sie sie in feine Stücke. Säubern Sie die Paprika und schneiden Sie sie in Streifen. Übergießen Sie die Tomaten mit heißem Wasser. Anschließend entfernen Sie die Haut und pürieren sie.

2 Erhitzen Sie das Öl in einem Topf und braten Sie das Fleisch und die Zwiebeln darin an. Fügen Sie die pürierten Tomaten und die Kartoffelwürfel sowie die Paprikastreifen dazu. Geben Sie so viel Wasser in den Topf, dass die Zutaten gerade bedeckt sind. Würzen Sie mit allen Gewürzen (außer dem Harissa) und köcheln Sie den Eintopf bei niedriger Temperatur für etwa 45 Minuten.

3 Nach der Kochzeit geben Sie unter Rühren das Tomatenmark und die Erbsen in den Topf. Köcheln Sie die Speise für weitere 15 Minuten.

4 Schmecken Sie den Eintopf noch einmal mit den Gewürzen ab. Zum Schluss fügen Sie etwas Harissa nach Geschmack dazu. Das Fleisch schneiden Sie in mundgerechte Stücke.

5 Zum Servieren streuen Sie etwas Petersilie über den Eintopf.

TAJINE (MAROKKANISCHER FLEISCHEINTOPF)

4 Port.

90 Min.

Leicht

Zutaten

3 Zwiebeln
1 EL Öl
1 kg Kalbfleisch
3 Knoblauchzehen
1 EL Koriandergrün
4 Tomaten
5 Kartoffeln
1 TL Petersilie
½ TL Paprika
½ TL Pfeffer
1 TL Ingwer, gemahlen
1 Prise Kreuzkümmel, gemahlen
1 Prise Salz
etwas Safran

Nährwerte p. 100g

81 kcal
12 g Kohlenhydrate
2 g Fett
4 g Eiweiß

1 Pellen Sie die Zwiebeln und schneiden Sie zwei davon in Ringe. Die dritte Zwiebel schneiden Sie in kleine Würfel. Entfernen Sie die Schale vom Knoblauch und pressen Sie ihn in eine kleine Schale. Säubern Sie die Tomaten und schneiden Sie sie in Scheiben. Spülen Sie die Kräuter ab und hacken Sie sie in feine Stücke. Schälen Sie die Kartoffeln und schneiden Sie sie in Viertel.

2 Erhitzen Sie das Öl in einem ausreichend großen Topf und braten Sie das Fleisch von allen Seiten an. Geben Sie die gehackten Zwiebeln dazu und dünsten Sie sie kurz mit an. Anschließend fügen Sie die Tomaten, den Knoblauch und alle Gewürze hinzu. Füllen Sie so viel Wasser auf, bis das Fleisch bedeckt ist. Köcheln Sie alle Zutaten bei mittlerer Temperatur für etwa 45 Minuten.

3 Nach der Kochzeit geben Sie die Zwiebelringe, die Kartoffeln und die Kräuter dazu. Köcheln Sie den Eintopf für weitere 30 Minuten. Füllen Sie, falls notwendig, noch etwas Wasser hinzu und würzen Sie noch einmal mit Salz und Pfeffer

Tipp: Servieren Sie Salat und Brot zu diesem Eintopf.

Wenn Sie mögen, können Sie TK-Erbsen und Möhren in den Eintopf geben.

CURRYHUHN AUS KENIA

4 Port. 80 Min. Leicht

Zutaten

1 Huhn (1200 g), alternativ 4 Hähnchenkeulen
8 Kartoffeln
1 Dose Tomaten, stückig
6 EL Currypaste, rot oder gelb
½ Weißkohl
2 Zwiebeln
500 ml Hühnerbrühe
1 Prise Salz
etwas Öl zum Anbraten

Nährwerte p. P.

598 kcal
98 g Kohlenhydrate
4 g Fett
20 g Eiweiß

1 Teilen Sie das Huhn in 4 gleich große Stücke. Entfernen Sie die Haut und würzen Sie es mit Salz. Anschließend bestreichen Sie das Fleisch mit der Currypaste.

2 Schneiden Sie den Kohl in etwa 1 Zentimeter dicke Scheiben. Entfernen Sie NICHT den Strunk, da der Kohl sonst auseinanderfällt. Bestreichen Sie die Kohlscheiben mit der Currypaste.

3 Pellen Sie die Zwiebeln und hacken Sie sie in feine Stücke. Schälen Sie die Kartoffeln und schneiden Sie sie in etwa 1 Zentimeter dicke Scheiben.

4 Erhitzen Sie das Öl in einer Pfanne und braten Sie darin das Fleisch von allen Seiten an. Nehmen Sie es aus der Pfanne und verwahren Sie es auf einem Teller. Braten Sie nun den Kohl von beiden Seiten an und nehmen Sie ihn anschließend aus der Pfanne.

5 Im Bratfett dünsten Sie jetzt die Zwiebeln glasig an und gießen etwas Brühe hinein. Geben Sie die Flüssigkeit in eine Auflaufform und schichten Sie die Kartoffelscheiben und den Kohl hinein. Würzen Sie die Kartoffeln gegebenenfalls mit Salz. Nun geben Sie die Tomaten und das Fleisch darauf und gießen die restliche Brühe hinein. Legen Sie ein Stück Alufolie über die Auflaufform.

6 Heizen Sie den Backofen auf 180 °C Umluft vor und garen Sie die Speise für etwa 60 Minuten.

BOBOTIE (SÜDAFRIKANISCHER HACKBRATEN)

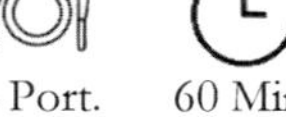

4 Port. 60 Min. Leicht

Zutaten

2 Zwiebeln
3 Eier
1 Brötchen
500 g Rinderhackfleisch
4 Knoblauchzehen
50 g Mandelblättchen
2 Bananen
125 ml Milch
50 g Rosinen
1 EL Zitronensaft
2 EL Mango-Chutney
3 TL Currypulver
1 Prise Muskat
1 Prise Pfeffer
1 Prise Salz

Nährwerte p. P.

655 kcal
60 g Kohlenhydrate
26 g Fett
42 g Eiweiß

1 Weichen Sie das Brötchen in etwas Wasser ein. Anschließend drücken Sie es gut aus. Pellen Sie die Zwiebeln und den Knoblauch und schneiden Sie beides in feine Stücke. Entfernen Sie die Schale der Bananen und schneiden Sie sie in Scheiben.

2 Geben Sie das Hackfleisch in eine Schüssel und fügen Sie den Knoblauch und die Zwiebeln dazu. Füllen Sie die Rosinen, das Chutney, ein Ei, das Brötchen und die Mandelblättchen dazu und kneten Sie alles zu einem geschmeidigen Teig zusammen. Würzen Sie die Fleischmasse mit Salz, Pfeffer, Zitronensaft und 2 TL Currypulver.

3 Fetten Sie eine Auflaufform ein und heizen Sie den Backofen auf 220 °C Umluft vor. Geben Sie den Hackfleischteig in die Auflaufform und garen Sie ihn für etwa 20 Minuten.

4 In der Zwischenzeit vermischen Sie die Milch mit den übrigen 2 Eiern. Würzen Sie die Milchmischung mit Salz, Muskat und 1 TL Currypulver.

5 Nach der Garzeit verteilen Sie die Bananenscheiben auf dem Hackfleisch und füllen die Milchmischung darüber. Garen Sie die Speise für weitere 15 bis 20 Minuten.

AFRIKANISCHE KIDNEYBOHNEN

2 Port. 20 Min. Leicht

Zutaten

4 Knoblauchzehen
2 TL Sambal Oelek
2 Dosen Kidneybohnen
2 Zwiebeln
8 Rispentomaten (alternativ Tomaten aus der Konserve)
2 EL Erdnussbutter
1 TL Kreuzkümmel
Reis als Beilage
Petersilie zum Garnieren
Erdnussöl zum Braten

Nährwerte p. P.

427 kcal
58 g Kohlenhydrate
8 g Fett
22 g Eiweiß

1 Pellen Sie die Zwiebeln und den Knoblauch. Schneiden Sie beides in kleine Stücke. Kochen Sie den Reis nach Packungsanleitung. Säubern Sie die Tomaten und schneiden Sie sie in kleine Stücke.

2 Erhitzen Sie das Erdnussöl in einer Pfanne und dünsten Sie darin die Zwiebeln und den Knoblauch glasig an.

3 Fügen Sie die Tomatenwürfel und den Kreuzkümmel dazu. Köcheln Sie die Zutaten für ein paar Minuten, bis aus den Tomaten eine Soße entsteht. Geben Sie nun die Bohnen in die Pfanne und rühren Sie die Erdnussbutter und das Sambal Oelek unter. Köcheln Sie die Speise, bis sich die Erdnussbutter aufgelöst hat. Füllen Sie gegebenenfalls etwas Wasser hinzu.

4 Zum Servieren füllen Sie das Bohnengemisch in eine Schüssel und garnieren es mit der Petersilie. Reichen Sie den Reis als Beilage dazu.

Tipp: Sie können auch gebratene Fleischwürfel in die Bohnen mischen.

Hauptgerichte mit Fisch & Meeresfrüchte

SAMAK MAKLY

(ÄGYPTISCHER GEBRATENER FISCH)

2 Port. | 150 Min. | Leicht

Zutaten

1 Bund Petersilie
1 TL Kreuzkümmel, gemahlen
4 Knoblauchzehen
1 Zitrone
2 Fischfilets (Barsch, Dorade o. Ä.)
Etwas Olivenöl
1 EL Zitronensaft
Etwas Mehl
1 Prise Pfeffer
1 Prise Salz

Nährwerte p. P.

299 kcal
11 g Kohlenhydrate
14 g Fett
31 g Eiweiß

1 Spülen Sie die Petersilie ab. Hacken Sie sie in feine Stücke und verteilen Sie sie auf einer Servierplatte.

2 Entfernen Sie die Schale vom Knoblauch. Pressen Sie ihn in eine Schüssel und geben Sie Kreuzkümmel, Salz, Pfeffer und Zitronensaft dazu. Verrühren Sie alle Zutraten zu einer geschmeidigen Masse.

3 Verteilen Sie die Masse gleichmäßig auf den Fischfilets und stellen Sie sie für etwa 2 Stunden in den Kühlschrank.

4 Anschließend erhitzen Sie das Öl in einer Pfanne. Währenddessen drehen Sie die Fischfilets im Mehl und braten sie dann bei mittlerer Temperatur.

5 Richten Sie die gebratenen Fischfilets auf der mit Petersilie ausgelegten Servierplatte an. Dekorieren Sie die Speise mit Zitronenspalten.

KAMOUNIA BESSOUBIA

(TUNESISCHE SPEISE MIT TINTENFISCH)

4 Port. 45 Min. Leicht

Zutaten

6 Knoblauchzehen
1 kg Tintenfisch
1 EL Tomatenmark
1 EL Olivenöl
1 TL Harissa (Rezept in diesem Kochbuch)
1 Prise Pfeffer
1 Prise Salz
1 TL Kreuzkümmel, gemahlen

Nährwerte p. P.

293 kcal
10 g Kohlenhydrate
7 g Fett
47 g Eiweiß

1 Pellen Sie den Knoblauch und pressen Sie ihn in eine kleine Schale. Schneiden Sie gegebenenfalls den Tintenfisch in Streifen.

2 Erhitzen Sie das Olivenöl in einer Pfanne und braten Sie darin den Tintenfisch mit dem Knoblauch zusammen an.

3 Anschließend geben Sie das Tomatenmark und die Harissapaste dazu. Würzen Sie mit Salz und Pfeffer. Rühren Sie alle Zutaten um und braten Sie sie weiter an.

4 Nun füllen Sie etwas Wasser in die Pfanne, bis alle Zutaten bedeckt sind. Köcheln Sie die Speise für etwa 30 Minuten.

5 Würzen Sie den Tintenfisch mit dem Kreuzkümmel, gießen Sie eine kleine Menge Wasser dazu und köcheln Sie alles für weitere 15 Minuten, bis eine cremige Soße entstanden ist.

Tipp: Reichen Sie ein tunesisches Brot zu diesem Gericht.

MAROKKANISCHE GEGRILLTE SARDINEN

4 Port. 50 Min. Leicht

Zutaten

70 g Paniermehl
6 Stängel Petersilie
3 Zweige Minze
3 Zweige Thymian
1 Orange, geriebene Schale
5–8 EL Olivenöl
16 Sardinen à 125 g (küchenfertig vorbereitet + entgrätet)
1 Prise Pfeffer
1 Prise Salz
1 Prise Cayennepfeffer
8 lange, dünne Holzspieße

Nährwerte p. P.

1179 kcal
14 g Kohlenhydrate
79 g Fett
102 g Eiweiß

1 Spülen Sie die Kräuter ab und hacken Sie die Blätter in feine Stücke. Mischen Sie das Paniermehl und die geriebene Orangenschale dazu. Würzen Sie die Panade mit Pfeffer, Salz und Cayennepfeffer.

2 Entnehmen Sie etwa ein Drittel der Panade und mischen Sie diese mit 3 Esslöffeln Olivenöl. Diese Mischung verstreichen Sie in das Innere der Fische.

3 Jetzt stecken Sie je einen Holzspieß durch den Kopf und durch das Schwanzende eines Fisches. Spießen Sie auf diesem Spieß noch 3 weitere Sardinen auf. Sie erhalten dann ein „Fischpaket" von 4 Sardinen. Insgesamt haben Sie 4 solche Fischpäckchen fertiggestellt.

4 Geben Sie die übriggebliebene Panade auf einen flachen Teller. Beträufeln Sie alle Fische mit dem Olivenöl und wenden Sie sie anschließend im Paniermehl.

5 Die Sardinen sind nun „kochfertig". Sie können sie entweder auf dem Grill oder im Backofen mit Grillfunktion für etwa 5 bis 8 Minuten von beiden Seiten garen, bis sie knusprig geworden sind.

FISCHEINTOPF AUS KENIA

6 Port. 45 Min. Mittel

Zutaten

1 Kabeljau, küchenfertig
2 Goldbrassen, küchenfertig
1 EL Kurkuma
2 Zwiebeln
4 Fleischtomaten
1 Dose Tomatenmark
1 EL Curry
1 Knoblauchzehe
3 EL Koriander, gemahlen
10 EL Pflanzenöl
250 ml Kokosmilch
1 Bund Koriander
2 Chilischoten

Nährwerte p. P.

619 kcal
125 g Kohlenhydrate
3 g Fett
17 g Eiweiß

1 Übergießen Sie die Tomaten mit heißem Wasser und entfernen Sie die Haut. Schneiden Sie sie in Würfel. Pellen Sie die Zwiebeln und den Knoblauch und schneiden Sie beides in kleine Würfel. Säubern Sie die Chilischoten und schneiden Sie sie in kleine Stücke. Spülen Sie den Koriander ab und hacken Sie sie in feine Stücke.

2 Geben Sie die im 1. Schritt genannten Zutaten in einen Mixer und pürieren Sie sie so fein wie möglich.

3 Geben Sie das Korianderpulver mit dem Curry und der Kurkuma in einen Mörser und vermengen Sie die Gewürze miteinander. Schneiden Sie den Fisch mehrmals tief ein und geben Sie die Paste in die Schlitze. Anschließend reiben Sie den Fisch von außen mit der Gewürzpaste ein.

4 Erhitzen Sie das Öl in einer ausreichend großen Pfanne und frittieren Sie darin den Fisch. Anschließend stellen Sie ihn zum Warmhalten in den Backofen.

5 Geben Sie das Tomatenmark mit dem Püree aus dem 2. Schritt in einen Topf. Geben Sie die Kokosmilch und die gehackten Korianderblätter dazu. Kochen Sie die Zutaten kurz auf. Anschließend köcheln Sie die Masse bei niedriger Temperatur für etwa 10 Minuten.

6 Zum Servieren richten Sie den Fisch mit dem Püree auf einem Teller an.

CAPE KEDGEREE

(SCHELLFISCH MIT REIS AUS SÜDAFRIKA)

4 Port.

45 Min.

Leicht

Zutaten

1 kg Weißfischfilets (z. B. Schellfisch)
4 Eier
60 g Butter
500 g Reis
125 ml Milch
½ TL Pfeffer
2 TL Salz

Nährwerte p. P.

593 kcal
38 g Kohlenhydrate
22 g Fett
62 g Eiweiß

1 Kochen Sie den Reis nach Packungsanleitung. Zerteilen Sie den Fisch in mundgerechte Stücke. Kochen Sie die Eier hart und trennen Sie anschließend das Eiweiß vom Eigelb.

2 Geben Sie den gekochten Reis in eine Pfanne und fügen Sie den Fisch und die Butter dazu. Kochen Sie beides bei mittlerer Temperatur für einige Minuten. Geben Sie anschließend das zerkleinerte Eiweiß dazu und würzen Sie die Speise mit Salz und Pfeffer. Nun rühren Sie vorsichtig die Milch in die Pfanne. Kochen Sie die Zutaten kurz auf und dann weiter bei niedriger Temperatur, bis der Fisch gar ist.

3 Zerkleinern Sie in der Zwischenzeit das Eigelb.

4 Richten Sie die Fischspeise auf einem Teller an und garnieren Sie sie mit den Eigelbstücken.

Tipp: Sie können als Alternative auch geräucherten Fisch verwenden und etwas Currypulver unter den Reis mischen.

THIEBOUDIENNE

(FISCHPFANNE AUS DEM SENEGAL)

4 Port.

45 Min.

Mittel

Zutaten

250 g Reis
400 g Fischfilet (sollte festes Fleisch haben)
2 Zwiebeln
1 Chilischote, grün
1 Chilischote, rot
2 Möhren
2 Kartoffeln
2 Knoblauchzehen
100 g Tomatenmark
1 Bund Petersilie
150 ml Gemüsebrühe
1 Aubergine
2 EL Öl
1 Prise Pfeffer
1 Prise Salz

Nährwerte p. P.

440 kcal
70 g Kohlenhydrate
7 g Fett
26 g Eiweiß

1 Pellen Sie die Zwiebeln und den Knoblauch und schneiden Sie beides in feine Stücke. Säubern Sie die Chilischoten und schneiden Sie sie ebenfalls in feine Stücke. Spülen Sie die Petersilie ab und hacken Sie sie klein. Vermischen Sie die Zutaten in einer Rührschüssel miteinander.

2 Schälen Sie die Möhren und die Kartoffeln und schneiden Sie beides in grobe Stücke. Waschen Sie die Aubergine ab und schneiden Sie sie in grobe Würfel.

3 Säubern Sie den Fisch und schneiden Sie ihn in etwa 4 Zentimeter große Würfel. Drücken Sie in der Mitte eine Mulde in jeden Würfel und füllen Sie etwas von der Zwiebelmischung hinein.

4 Erhitzen Sie das Öl in einer Pfanne und braten Sie die Fischwürfel darin an. Nehmen Sie die Würfel wieder heraus und geben Sie den Rest der Zwiebelmischung hinein. Fügen Sie das Tomatenmark hinzu und rösten Sie die Zutaten für kurze Zeit an.

5 Anschließend geben Sie die Aubergine, die Möhren und die Kartoffeln dazu. Braten Sie die Zutaten kurz an und füllen Sie dann die Gemüsebrühe hinein. Köcheln Sie die Speise für etwa 30 Minuten. Würzen Sie mit Salz und Pfeffer.

6 In der Zwischenzeit kochen Sie den Reis nach Packungsanleitung. Gießen Sie ihn anschließend ab und vermischen Sie ihn mit der Gemüsemischung. Zum Schluss geben Sie die Fischwürfel dazu und stellen die Pfanne für 5 Minuten zum Ziehen beiseite.

Vegetarische und vegane Gerichte

MESAKA'A (ÄGYPTISCHES MOUSSAKA MIT AUBERGINEN) VEGAN

4 Port.

95 Min.

Leicht

Zutaten

3 Auberginen (ca. 800 g)
1 Dose Kichererbsen (400 g)
2 Paprika, rot
1 Dose stückige Tomaten (400 g)
3 Zwiebeln
250 ml Gemüsebrühe
2 Knoblauchzehen
2,5 EL Tomatenmark
4 EL Olivenöl
1 TL Chilipulver
1 TL Zimtpulver
½ TL Kreuzkümmel, gemahlen
½ TL Paprikapulver, geräuchert
½ TL Paprikapulver, edelsüß
1 TL Thymian, gemahlen
1 Prise Pfeffer
1 Prise Salz

Nährwerte p. P.

410 kcal
39 g Kohlenhydrate
19 g Fett
12 g Eiweiß

1 Belegen Sie ein Blech mit Backpapier und heizen Sie den Backofen auf 180 °C Umluft vor.

2 Waschen Sie die Auberginen. Schneiden Sie sie in Scheiben. Belegen Sie ein Blech mit Backpapier und legen Sie die Auberginenscheiben darauf. Pinseln Sie 2 Esslöffel Olivenöl über die Scheiben und würzen Sie sie mit Pfeffer und Salz. Anschließend backen Sie die Auberginen für etwa 30 Minuten.

3 Entfernen Sie die Schale der Zwiebeln und schneiden Sie sie in kleine Würfel. Säubern Sie die Paprika und entfernen Sie die Kerne. Schneiden Sie sie in kleine Würfel. Die Kichererbsen füllen Sie in ein Küchensieb und spülen sie gut durch.

4 Anschließend erhitzen Sie 2 Esslöffel Olivenöl in einer Pfanne. Braten Sie die Paprika und die Zwiebeln für etwa 10 Minuten darin an. Rühren Sie immer wieder um. Geben Sie nun das Tomatenmark und alle Gewürze in die Pfanne. Köcheln Sie die Zutaten bei mittlerer Temperatur. Das Tomatenmark soll sich dabei dunkel verfärben.

5 Währenddessen pellen Sie den Knoblauch ab. Pressen Sie ihn in die Pfanne und geben Sie die Kichererbsen, die Tomaten und die Brühe dazu. Köcheln Sie die Speise für weitere 15 Minuten.

6 Holen Sie die Auberginen aus dem Backofen. Legen Sie die Hälfte der Menge in eine Auflaufform. Nun füllen Sie die Hälfte der Soße darüber und verteilen die restlichen Auberginenscheiben darauf. Geben Sie die restliche Soße darauf und decken Sie die Auflaufform mit einem Stück Aluminiumfolie ab.

7 Backen Sie die Moussaka für etwa 35 Minuten im Backofen. Anschließend nehmen Sie die Folie ab und garen sie für weitere 10 Minuten.

AFRIKANISCHER ERDNUSSEINTOPF

VEGETARISCH

 4 Port.
 30 Min.
 Leicht

Zutaten

250 ml Gemüsesuppe
1 Paprika, rot
1 Dose Tomaten, passiert
½ Weißkohl
1 Dose Kidneybohnen
2 Zwiebeln
4 Möhren
2 EL Mangosaft
1 EL Senf
1 Dose Mais
4 EL Öl
5 EL Erdnussbutter
1 TL Paprikapulver
1 EL Kreuzkümmel
1 TL Thymian
3 TL Cayennepfeffer

Nährwerte p. P.

292 kcal
33 g Kohlenhydrate
14 g Fett
9 g Eiweiß

1 Pellen Sie die Zwiebeln und schneiden Sie sie in kleine Würfel. Säubern Sie die Paprika und schneiden Sie sie in kleine Stücke. Schälen Sie die Möhren und schneiden Sie sie in Würfel. Säubern Sie den Weißkohl und schneiden Sie ihn in dünne Streifen. Geben Sie die Bohnen und den Mais zum Abtropfen in ein Küchensieb.

2 Erhitzen Sie etwas Wasser in 2 Töpfen. Kochen Sie in dem einen Topf den Kohl und in dem anderen Topf die Möhren gar. Gießen Sie beides nach der Garzeit durch ein Küchensieb ab.

3 Währenddessen erhitzen Sie das Öl in einem weiteren Topf und braten darin die Zwiebeln und die Paprikawürfel an. Fügen Sie den Senf dazu und würzen Sie mit dem Kreuzkümmel und dem Cayennepfeffer. Rühren Sie die Zutaten zusammen und braten Sie alles kurz an.

4 Löschen Sie die Zwiebelmischung mit der Gemüsesuppe ab und fügen Sie die passierten Tomaten hinzu. Köcheln Sie die Zutaten bei mittlerer Temperatur für etwa 5 Minuten. Anschließend fügen Sie die Erdnussbutter dazu und würzen die Speise mit dem Thymian und dem Paprikapulver. Vermischen Sie alles gut miteinander.

5 Füllen Sie den Mais, die Bohnen, den Kohl sowie die Möhren dazu. Kochen Sie alles noch einmal unter Rühren auf. Zum Servieren schmecken Sie den Eintopf mit dem Mangosaft ab.

MAAQUOUDA BI´L-BATATA

(TUNESISCHES KARTOFFELOMELETT) VEGETARISCH

 4 Port.

 90 Min.

 Leicht

Zutaten

200 g Zwiebeln
3 EL Olivenöl
600 g Kartoffeln
5 Eier
200 g Petersilie
1 EL Butterschmalz
1 Prise Pfeffer, schwarz
½ TL Piment, gemahlen
1 Prise Salz

Nährwerte p. P.

375 kcal
32 g Kohlenhydrate
21 g Fett
12 g Eiweiß

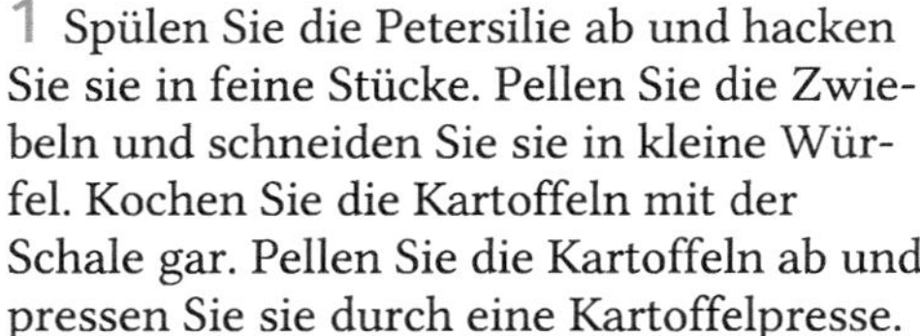

1 Spülen Sie die Petersilie ab und hacken Sie sie in feine Stücke. Pellen Sie die Zwiebeln und schneiden Sie sie in kleine Würfel. Kochen Sie die Kartoffeln mit der Schale gar. Pellen Sie die Kartoffeln ab und pressen Sie sie durch eine Kartoffelpresse.

2 Erhitzen Sie das Öl in einer Pfanne und dünsten Sie darin die Zwiebeln und die Petersilie für etwa 5 Minuten. Stellen Sie die Pfanne zum Abkühlen beiseite.

3 Trennen Sie das Eigelb vom Eiweiß. Verquirlen Sie das Eigelb und geben Sie es in die Kartoffelmasse. Geben Sie auch die Zwiebelmischung dazu. Würzen Sie mit dem Salz, dem Pfeffer sowie dem Piment und rühren Sie alle Zutaten gut durch.

4 Schlagen Sie das Eiweiß zu einem festen Schnee und heben Sie es unter die Kartoffelmasse. Fetten Sie eine Auflaufform mit dem Butterschmalz ein. Füllen Sie den Kartoffelbrei hinein und streichen Sie ihn mit einem Löffel glatt.

5 Heizen Sie den Backofen auf 180 °C Umluft vor. Backen Sie den Auflauf auf der mittleren Schiene für etwa 45 Minuten.

GEMÜSEEINTOPF AUS MAROKKO

VEGETARISCH

4 Port. 30 Min. Leicht

Zutaten

200 g Tomaten
1 Aubergine
2 Zucchini
2 Möhren
6 Frühlingszwiebeln
6 Knoblauchzehen
1 Peperoni, grün
2 Eier
4 EL Petersilie
2 EL Koriandergrün
4 EL Olivenöl
1 Prise Salz
1 Prise Pfeffer
1 TL Kreuzkümmel
1 Prise Chiliflocken
1 Prise Cayennepfeffer

Nährwerte p. P.

262 kcal
15 g Kohlenhydrate
18 g Fett
6 g Eiweiß

1 Säubern Sie die Gemüsesorten und entkernen Sie sie. Schneiden Sie sie in Streifen. Spülen Sie die Kräuter ab und hacken Sie sie in kleine Stücke.

2 Pellen Sie die Frühlingszwiebeln und den Knoblauch und schneiden Sie beides in kleine Stücke. Erhitzen Sie das Olivenöl in einem ausreichend großen Topf und braten Sie die Frühlingszwiebeln und den Knoblauch darin an.

3 Anschließend geben Sie das Gemüse, den Kreuzkümmel, die Chiliflocken, den Cayennepfeffer, das Salz sowie den Pfeffer dazu.

4 Köcheln Sie die Speise für etwa 15 Minuten. In der Zwischenzeit verquirlen Sie die Eier, die Sie nach der Kochzeit in den Topf geben.

5 Zum Servieren streuen Sie die Kräuter über den Eintopf.

GITHERI (EINTOPF AUS KENIA) VEGAN

4 Port.

70 Min.
12 Std.
Einweichzeit

Mittel

Zutaten

5 Kartoffeln, festkochend
½ Spitzkohl
150 g Mais, Konserve
1 Zwiebel, rot
500 ml Gemüsebrühe
150 g Wachtelbohnen (Pintobohnen)
200 ml stückige Tomaten, Konserve
2 Möhren
Öl zum Anbraten
2 Chilischoten, rot
1 TL Tomatenmark
2 Lorbeerblätter
10 Pfefferkörner, schwarz
1 TL Kardamomsamen
1 TL Fenchelsamen
3 cm Zimtrinde
1 EL Koriandersamen
2 Nelken
2 EL Kreuzkümmel
1 Prise Salz
1 Prise Chiliflocken

1 Weichen Sie die Bohnen über Nacht in reichlich Wasser ein. Gießen Sie das Wasser anschließend weg.

2 Am Zubereitungstag geben Sie die Bohnen mit Salzwasser in einen großen Topf und kochen sie für etwa 30 Minuten. Sie sollten noch „Biss" behalten.

3 Währenddessen schälen Sie die Kartoffeln und säubern die Möhren. Schneiden Sie beides in kleine Würfel. Pellen Sie die Zwiebel und hacken Sie sie in feine Stücke. Schneiden Sie den Kohl in dünne Streifen. Waschen Sie die Chilischoten und schneiden Sie sie in Ringe. Sie können, wenn Sie es scharf mögen, die Kerne belassen.

4 Erhitzen Sie eine Pfanne ohne Fett und rösten Sie darin die Pfefferkörner, die Nelken, die Koriandersamen, die Fenchelsamen, den Zimt, den Kreuzkümmel und die Kardamomsamen an. Wenn Sie einen angenehmen Duft wahrnehmen, geben Sie die Gewürze, bis auf den Zimt, in einen Mörser und zerstoßen sie.

5 Nach der Kochzeit gießen Sie die Bohnen zum Abtropfen in ein Küchensieb.

6 Erhitzen Sie etwas Öl im Topf und dünsten Sie die Zwiebel darin an. Geben Sie die gerösteten Gewürze und den Zimt dazu. Ebenso fügen Sie jetzt die Chiliringe, die Lorbeerblätter und das Tomatenmark hinzu. Rühren Sie alle Zutaten gut durch.

Nährwerte p. P.

387 kcal
53 g Kohlenhydrate
7 g Fett
16 g Eiweiß

7 Anschließend geben Sie die Tomaten, die Kartoffeln und die Möhren in den Topf. Füllen Sie die Gemüsebrühe dazu und köcheln Sie den Eintopf ohne Deckel bei mittlerer Hitze für etwa 10 Minuten.

8 Nun rühren Sie den Mais und die Bohnen in den Topf. Legen Sie den Deckel auf und köcheln Sie die Speise für weitere 20 Minuten.

9 Am Ende der Kochzeit geben Sie den Kohl hinein. Köcheln Sie den Eintopf für wenige Minuten weiter und schmecken Sie ihn dann mit Salz und Chiliflocken ab.

Tipp: Diesen Eintopf können Sie erheblich variieren. Nur Bohnen, Mais und die Gewürze sollten beibehalten werden. Alle anderen Gemüsesorten können Sie so verwenden, wie sie gerade vorhanden sind.

MESSIR WOT

(LINSENGERICHT AUS ÄTHIOPIEN) VEGETARISCH

4 Port.

35 Min.

Leicht

Zutaten

250 ml Wasser
2 Knoblauchzehen
2 Zwiebeln
5 EL Öl
3 EL Berbere-Soße (Rezept in diesem Kochbuch)
450 Linsen, rot (Konserve)
1 Prise Pfeffer, schwarz
1 Prise Salz

Nährwerte p. P.

503 kcal
63 g Kohlenhydrate
14 g Fett
30 g Eiweiß

1 Pellen Sie die Zwiebeln und den Knoblauch. Schneiden Sie die Zwiebeln in kleine Würfel und pressen Sie den Knoblauch in eine kleine Schale.

2 Erhitzen Sie das Öl in einer Pfanne und braten Sie die Zwiebeln darin glasig an. Fügen Sie anschließend den Knoblauch dazu und braten Sie beides unter Rühren für etwa 2 Minuten.

3 Füllen Sie das Wasser und die Berbere-Soße in die Pfanne. Anschließend geben Sie alle übrigen Zutaten hinein und rühren alles gut durch.

4 Köcheln Sie die Speise für etwa 15 Minuten und rühren Sie zwischendurch immer wieder um.

5 Am Ende der Kochzeit schmecken Sie die Speise mit Salz und Pfeffer ab.

Beilagen

OKRA (ÄGYPTISCHES GEMÜSE)

4 Port.

30 Min.

Leicht

Zutaten

1 Paprika, grün
5 Knoblauchzehen
400 g Okra (TK-Ware)
3 EL Tomatenmark
1 Zwiebel
1 Prise Pfeffer
1 Prise Salz
etwas Hühnerbrühe
etwas Zitronensaft
etwas Butter

Nährwerte p. P.

68 kcal
9 g Kohlenhydrate
1 g Fett
4 g Eiweiß

1 Geben Sie das gefrorene Okra in ein Küchensieb. Nach dem Auftauen spülen Sie es ab.

2 Währenddessen pellen Sie den Knoblauch und die Zwiebel. Waschen Sie die Paprika und schneiden Sie sie in kleine Würfel. Schneiden Sie ebenso den Knoblauch und die Zwiebel in kleine Würfel. Erhitzen Sie die Butter in einem Topf und braten Sie alles darin an.

3 Nun geben Sie das Tomatenmark in den Topf und rösten es kurz mit an. Anschließend füllen Sie die Okra und die Brühe hinein und geben ein wenig Zitronensaft dazu. Köcheln Sie die Speise bei mittlerer Temperatur für etwa 15 Minuten.

4 Zum Servieren schmecken Sie das Gericht mit Pfeffer und Salz ab.

COUSCOUS (TUNESISCHES GRUNDREZEPT)

4 Port. 30 Min. Leicht

Zutaten

1 Prise Salz
½ l Wasser
300 g Couscous
Gewürze nach Wahl

Nährwerte p. P.

252 kcal
52 g Kohlenhydrate
1 g Fett
7 g Eiweiß

1 Füllen Sie das Wasser in einen Topf und kochen Sie es einmal auf.

2 Geben Sie den Couscous in einen zweiten Topf und übergießen Sie ihn mit dem kochenden Wasser. Stellen Sie den Topf für etwa 10 Minuten zum Quellen beiseite.

3 Anschließend lockern Sie den Couscous mit einer Gabel auf und schmecken ihn mit den Gewürzen Ihrer Wahl ab.

TAKTOUKA

(MAROKKANISCHE BEILAGE AUS PAPRIKA UND TOMATEN)

3 Port. 40 Min. Leicht

Zutaten

4 Knoblauchzehen
etwas Petersilie
700 g Tomaten
1 TL Paprikapulver
460 g Paprika, grün
1 TL Kreuzkümmel
1 Prise Pfeffer
1 Prise Salz
etwas Öl

Nährwerte p. P.

107 kcal
16 g Kohlenhydrate
1 g Fett
5 g Eiweiß

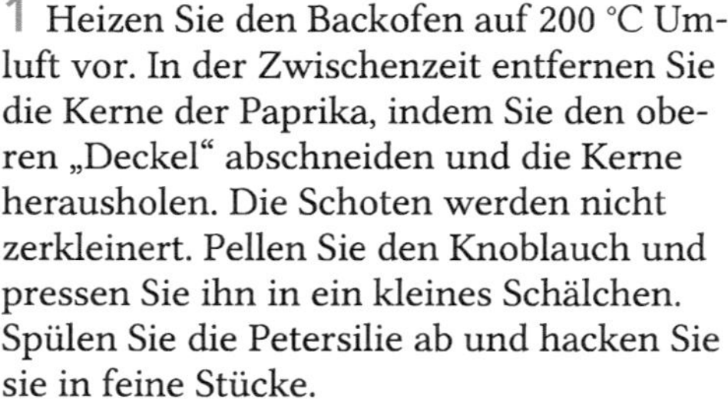

1 Heizen Sie den Backofen auf 200 °C Umluft vor. In der Zwischenzeit entfernen Sie die Kerne der Paprika, indem Sie den oberen „Deckel" abschneiden und die Kerne herausholen. Die Schoten werden nicht zerkleinert. Pellen Sie den Knoblauch und pressen Sie ihn in ein kleines Schälchen. Spülen Sie die Petersilie ab und hacken Sie sie in feine Stücke.

2 Legen Sie die Paprikaschoten auf ein Backblech und rösten Sie sie im Backofen. Drehen Sie sie zwischendurch um. Insgesamt kann es bis zu 30 Minuten dauern, bis die Schoten von allen Seiten gut geröstet sind. Anschließend wickeln Sie sie in Frischhaltefolie ein. Dadurch können Sie die Paprika später besser schälen.

3 Übergießen Sie die Tomaten mit heißem Wasser. Entfernen Sie die Haut und schneiden Sie sie in Würfel.

4 Erhitzen Sie etwas Öl in einer Pfanne. Geben Sie die Tomatenwürfel, den Knoblauch und die Petersilie sowie die Gewürze hinein. Köcheln Sie die Zutaten für etwa 5 bis 10 Minuten und rühren Sie zwischendurch immer wieder um. Geben Sie gegebenenfalls etwas Wasser hinzu, falls die Tomaten nicht genug „Saft" abgeben.

5 Nehmen Sie die Paprikaschoten aus der Folie und schälen Sie sie ab. Sollten noch Kerne vorhanden sein, entfernen Sie diese jetzt. Schneiden Sie die Schoten in Würfel und geben Sie diese zu der Tomatensoße in die Pfanne. Köcheln Sie die Soße für weitere 5 Minuten.

UGALI (STÄRKEBEILAGE AUS KENIA)

 3 Port.
 30 Min.
 Leicht

Zutaten

3 Tassen Wasser
10 g Butter
½ TL Salz
2 Tassen Maismehl, weiß (alternativ Mehl oder Hartweizengrieß)

Nährwerte p. P.

260 kcal
44 g Kohlenhydrate
6 g Fett
6 g Eiweiß

1 Kochen Sie in einem Topf das Wasser auf. Geben Sie unter ständigem Rühren das Maismehl hinein. Anschließend fügen Sie die Butter und das Salz hinzu.

2 Köcheln Sie die Speise bei niedriger Temperatur für etwa 15 bis 20 Minuten. Rühren Sie zwischendurch immer wieder um.

3 Zum Servieren geben Sie das Ugali zunächst in eine kleine Schale und drücken es fest. Nun stürzen Sie es auf eine Servierplatte.

Tipp: Ugali ist in Kenia eine Beilage. Es lässt sich mit der Hand formen, um andere Speisen damit aufzunehmen.
Meist wird nur Maismehl und Wasser verwendet, mit Salz und Butter schmeckt es besser.

BUTTERNUT-KÜRBIS

(SCHARFER GEBACKENER KÜRBIS AUS SÜDAFRIKA)

4 Port.

30 Min.

Leicht

Zutaten

2 Chilischoten, getrocknet (nach Belieben mehr)
1 Knoblauchzehe
1 Kürbis, Butternuss (alternativ: Hokkaido)
2 TL Koriander
1 TL Salz
½ TL Oregano
½ TL Fenchelsamen
1 TL Pfeffer, schwarz
etwas Olivenöl

Nährwerte p. P.

226 kcal
37 g Kohlenhydrate
6 g Fett
5 g Eiweiß

1 Säubern Sie zunächst den Kürbis und teilen Sie ihn in zwei Hälften. Holen Sie die Kerne und die Fasern mit einem Löffel heraus. Sollten Sie einen Hokkaidokürbis verwenden, brauchen Sie ihn nicht schälen. Alle anderen Kürbissorten schälen Sie. Heizen Sie den Backofen auf 200 °C Umluft vor.

2 Schneiden Sie das Kürbisfleisch in grobe Scheiben. Am besten schneiden Sie die Hälften erst in Viertel, die Sie dann noch einmal halbieren. Fahren Sie fort, bis Sie etwa 1 Zentimeter dicke Scheiben erhalten. Füllen Sie diese in eine große Schüssel.

3 Geben Sie den Koriander, die Fenchelsamen, die Chilischoten und den Oregano in einen Mörser und zermahlen Sie diese Zutaten zu einem Pulver. Anschließend fügen Sie Salz und Pfeffer dazu und rühren es unter die Mischung.

4 Pellen Sie den Knoblauch und hacken Sie ihn in feine Stücke. Mischen Sie den Knoblauch unter die Gewürzmischung.

5 Geben Sie die Gewürzmischung zum Kürbis in die Schüssel und fügen Sie etwas Olivenöl dazu. Mischen Sie alle Zutaten kräftig durch.

6 Füllen Sie den Inhalt der Schüssel in eine Auflaufform und backen Sie die Speise für etwa 30 bis 40 Minuten.

FUFU (BEILAGE AUS GHANA)

6 Port.

30 Min.

Leicht

Zutaten

960 g Kochbanane
960 g Manioks

Alternativ:

160 g Kartoffelpüreeflocken
160 g Kartoffelstärke
1–1,2 l Wasser

Nährwerte p. P.

260 kcal
44 g Kohlenhydrate
6 g Fett
6 g Eiweiß

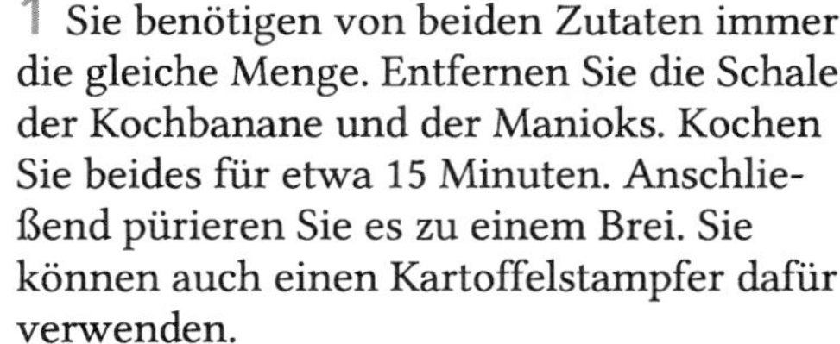

1 Sie benötigen von beiden Zutaten immer die gleiche Menge. Entfernen Sie die Schale der Kochbanane und der Manioks. Kochen Sie beides für etwa 15 Minuten. Anschließend pürieren Sie es zu einem Brei. Sie können auch einen Kartoffelstampfer dafür verwenden.

2 Die Konsistenz sollte sehr zäh werden. Servieren Sie die Beilage als Kloß. Hiervon zupft sich jeder ein Stück ab und tunkt es in Soße oder Suppe.

3 Zubereitung mit Kartoffelpüree:

4 Mischen Sie die Püreeflocken und die Kartoffelstärke in einer Schüssel zusammen. Fügen Sie langsam kaltes Wasser hinzu und vermischen Sie die Zutaten mit einem Kochlöffel. Es soll ein Brei ohne Klumpen entstehen.

5 Füllen Sie den Brei in einen Topf und erhitzen Sie ihn unter ständigem Rühren. Es wird nach etwa 5 Minuten Kochzeit ein fester Kloß entstehen, der nicht mehr am Kochlöffel kleben bleibt.

6 Formen Sie aus dem Brei 4 gleich große Klöße und legen Sie sie auf einen feuchten Teller.

Tipp: In einem afrikanischen Lebensmittelgeschäft können Sie ein sogenanntes Fufu-Mehl erwerben.

BENACHIN (WESTAFRIKANISCHE REISBEILAGE)

 6 Port.  45 Min. Leicht

Zutaten

2 Zwiebeln
3 Tomaten
1 Süßkartoffel
1 Chilischote
1 Paprika, rot
250 g Reis (Langkorn)
2 Knoblauchzehen
3 Möhren
250 ml Gemüsebrühe
3 EL Tomatenmark
3 TL Paprikapulver
2 TL Thymian
1 Prise Salz
1 Prise Pfeffer
etwas Öl

Nährwerte p. P.

40 kcal
7 g Kohlenhydrate
1 g Fett
2 g Eiweiß

1 Geben Sie den Reis in ein Küchensieb und spülen Sie ihn gründlich durch. Pellen Sie die Zwiebeln und den Knoblauch und schneiden Sie beides in kleine Würfel. Säubern Sie die Tomaten, die Paprika und die Chilischote. Schneiden Sie alles in kleine Stücke. Schälen Sie die Möhren und schneiden Sie sie in kleine Würfel. Schälen Sie die Süßkartoffel und schneiden Sie sie in Würfel.

2 Erhitzen Sie das Öl in einer Pfanne. Geben Sie die Zwiebeln, die Möhren, die Chili, den Knoblauch, die Paprika und die Süßkartoffel hinein und braten Sie alles kurz an. Nun rühren Sie das Tomatenmark hinein und köcheln die Zutaten für etwa 5 Minuten.

3 Fügen Sie jetzt den Reis dazu und braten Sie ihn kurz mit an. Jetzt geben Sie die Tomatenstücke in die Pfanne und füllen die Gemüsebrühe hinein. Köcheln Sie die Speise, bis der Reis gar ist und die Brühe aufgesogen hat. Möglicherweise gießen Sie noch eine kleine Menge Wasser hinzu.

4 Am Ende der Kochzeit würzen Sie die Speise mit den Gewürzen.

SWAHILI BIMI (BROKKOLI-REIS AUS UGANDA)

4 Port.

45 Min.

Leicht

Zutaten

200 g Bimi Brokkoli
300 g Basmatireis
2 Möhren
1 Zwiebel
1 Knoblauchzehe
1 TL Koriander, gemahlen
1 EL Olivenöl
1½ EL Pilaw-Masala-Gewürzmischung (Rezept in diesem Kochbuch)
600 ml Wasser
1 Prise Pfeffer, schwarz
1 Prise Salz

Nährwerte p. P.

336 kcal
71 g Kohlenhydrate
4 g Fett
9 g Eiweiß

1 Pellen Sie die Zwiebel und hacken Sie sie in feine Stücke. Pellen Sie den Knoblauch und pressen Sie ihn in ein kleines Schälchen. Säubern Sie die Möhren und raspeln Sie sie mit einer Küchenreibe. Geben Sie den Reis in ein Küchensieb und spülen Sie ihn gründlich durch.

2 Erhitzen Sie das Olivenöl in einer Pfanne. Braten Sie darin die Zwiebeln glasig an. Geben Sie die Pilaw-Masala-Gewürzmischung, die Möhren und den Koriander dazu. Würzen Sie mit Salz und Pfeffer. Kochen Sie die Zutaten unter gelegentlichem Umrühren für etwa 3 Minuten.

3 Anschließend geben Sie den Knoblauch in die Pfanne. Fügen Sie nun den Reis dazu und rühren Sie alle Zutaten gut zusammen. Füllen Sie das Wasser in die Pfanne und kochen Sie die Speise kurz auf. Nun köcheln Sie alles bei niedriger Temperatur für etwa 12 Minuten. Legen Sie einen Deckel auf die Pfanne.

4 Nach der Kochzeit geben Sie den Brokkoli in die Pfanne und köcheln ihn für etwa 5 Minuten mit. Nehmen Sie die Pfanne von der Kochstelle und stellen Sie sie mit Deckel für ein paar Minuten zum Ziehen beiseite. Lockern Sie die Speise vor dem Servieren mit einer Gabel auf.

AFRIKANISCHES LINSENPÜREE

4 Port.

45 Min.

Leicht

Zutaten

500 ml Gemüsesuppe
250 g Joghurt
250 ml Wasser
1 Bund Zitronenmelisse
1 Zitrone, unbehandelt
1 Zwiebel
1 Bund Petersilie
400 g Linsen, gelb
2 Knoblauchzehen
100 g Currypaste
60 g Butter
1 Prise Salz
1 Prise Pfeffer, schwarz

Nährwerte p. P.

570 kcal
62 g Kohlenhydrate
16 g Fett
31 g Eiweiß

1 Pellen Sie den Knoblauch und pressen Sie ihn in eine Schüssel. Spülen Sie die Petersilie und die Zitronenmelisse ab und hacken Sie sie in feine Stücke.

2 Geben Sie die Kräuter zum Knoblauch in die Schüssel und fügen Sie den Joghurt und die Currypaste hinzu. Verrühren Sie alles miteinander und würzen Sie mit Salz und Pfeffer. Stellen Sie die Joghurtmischung beiseite.

3 Füllen Sie das Wasser und die Gemüsesuppe in einen Topf und kochen Sie die Flüssigkeit einmal auf. Geben Sie die Linsen dazu und köcheln Sie alles mit aufgelegtem Deckel für etwa 20 Minuten. Rühren Sie zwischendurch immer wieder um.

4 Währenddessen pellen Sie die Zwiebel und schneiden sie in feine Würfel. Reiben Sie die komplette Schale der Zitrone ab. Anschließend pressen Sie den Saft aus der Zitrone und mischen ihn zu den Linsen.

5 Erhitzen Sie die Butter in einer Pfanne und braten Sie darin die Zwiebelwürfel und die Zitronenschale glasig an.

6 Nach der Garzeit pürieren Sie die Linsen zu einem Brei und rühren die Zwiebelmischung und die Joghurtmischung dazu.

Fingerfood & Snacks

KAHK (ÄGYPTISCHE FESTKEKSE)

1 Blech

35 Min.

Leicht

Zutaten

Für den Teig:

250 g Ghee (oder Butterschmalz)
5 EL Sesam
3 EL Zucker
450 g Mehl
2 TL Kahk-Gewürz (oder Spekulatius-Gewürz)
1 TL Backpulver
1 Prise Salz

Für die Füllung:

25 g Ghee
60 g Datteln
1 TL Zimt
40 g Grieß
2 EL Walnüsse
3 EL Zucker
½ TL Honig
etwas Puderzucker zum Bestreuen

Nährwerte p. Blech

5216 kcal
495 g Kohlenhydrate
323 g Fett
66 g Eiweiß

1 Belegen Sie ein Blech mit Backpapier und heizen Sie den Backofen auf 180 °C Umluft vor. Erhitzen Sie in einem Topf das Ghee für den Teig.

2 In der Zwischenzeit vermischen Sie in einer Rührschüssel das Mehl mit dem Backpulver, der Gewürzmischung und dem Salz. Bilden Sie in der Mitte eine Mulde und füllen Sie den Zucker und den Sesam hinein.

3 Geben Sie das zerlassene Ghee in die Mulde und kneten Sie alles zu einem Teig.

4 Anschließend füllen Sie alle Zutaten für die Füllung in einen Mixer. Verarbeiten Sie alles zu einem Brei.

5 Entnehmen Sie ein kleines Stück des Teiges. Drücken Sie ein Loch in das Teigstück und geben Sie eine kleine Menge der Füllung hinein. Bedecken Sie die Füllung mit dem Teig. Formen Sie eine Kugel oder ein Plätzchen daraus.

6 Belegen Sie das Backblech mit den Teigkugeln oder Plätzchen. Backen Sie die Kekse für etwa 25 Minuten.

7 Zum Servieren streuen Sie etwas Puderzucker über die Kekse.

BRIK (TUNESISCHE TEIGTASCHEN)

12 Port.

50 Min.

Leicht

Zutaten

12 Blätter Yufka- oder Filoteig
1 Dose Thunfisch
3 TL Kapern
50 g Goudakäse, gerieben
250 g Kartoffeln
1 Zwiebel
50 g Frischkäse
3 Stiele Petersilie
1 Prise Pfeffer
1 Prise Salz
Öl zum Frittieren

Nährwerte p. P.

102 kcal
11 g Kohlenhydrate
4 g Fett
4 g Eiweiß

1 Schälen Sie die Kartoffeln und kochen Sie sie gar.

2 Währenddessen entfernen Sie die Schale der Zwiebel und hacken sie in feine Stücke. Spülen Sie die Petersilie ab und hacken Sie sie ebenfalls in feine Stücke. Geben Sie den Thunfisch zum Abtropfen in ein Küchensieb.

3 Geben Sie den Frischkäse, den Goudakäse, die Zwiebeln, die Petersilie, die Kapern und den Thunfisch in eine Schüssel und verrühren Sie die Zutaten gut miteinander.

4 Nach der Garzeit gießen Sie die Kartoffeln ab. Zerdrücken Sie sie mit einem Kartoffelstampfer. Geben Sie das Kartoffelpüree zu den anderen Zutaten und mischen Sie alles sorgfältig durch. Würzen Sie nach Geschmack mit Pfeffer und Salz.

5 Geben Sie etwa 2 Esslöffel von der Füllung auf ein Blatt Filoteig. Formen Sie es zu einem Dreieck und drücken Sie die Ränder gut an. Verfahren Sie mit diesem Schritt weiter, bis Teig und Füllung aufgebraucht sind.

6 Erhitzen Sie eine ausreichende Menge Öl in einem Topf oder einer Pfanne. Die richtige Hitze ist erreicht, wenn der Stiel eines hölzernen Kochlöffels Blasen darin wirft. Frittieren Sie die Teigtaschen von beiden Seiten, bis sie eine goldbraune Farbe angenommen haben. Anschließend legen Sie sie zum Entfetten auf ein Stück Küchenpapier.

MAROKKANISCHE KEKSE

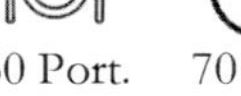

50 Port. 70 Min. Leicht

Zutaten

1 kg Mehl
200 ml Orangensaft
200 g Butter, zerlassen
200 ml Öl
1 Pck. Vanillepudding
150 g Zucker
1 Pck. Vanillezucker
1 Pck. Backpulver
75 g Kokosflocken, gemahlen

Nährwerte p. P.

158 kcal
19 g Kohlenhydrate
8 g Fett
2 g Eiweiß

1 Geben Sie alle Zutaten in eine Rührschüssel. Vermischen Sie sie mit einem elektrischen Rührgerät. Anschließend stellen Sie den Teig für 30 Minuten in den Kühlschrank.

2 In der Zwischenzeit belegen Sie ein Blech mit Backpapier und heizen den Backofen auf 170 °C Umluft vor.

3 Nach der Ruhezeit kneten Sie den Teig noch einmal gut durch. Formen Sie etwa fingerlange Teiglinge daraus und platzieren Sie sie auf dem Backblech.

4 Backen Sie die Kekse für etwa 25 Minuten, bis sie eine goldgelbe Farbe angenommen haben.

SAMOOSAS

(FRITTIERTE TEIGTASCHEN AUS SÜDAFRIKA)

4 Port.

90 Min.

Leicht

Zutaten

Teig:

250 ml Wasser, kalt
375 g Mehl
5 ml Zitronensaft
2 TL Salz
etwas Mehl zum Bestreuen
etwas Öl zum Bestreichen

Füllung:

1 TL Ingwer, gehackt
500 g Lammhackfleisch
2 Zwiebeln
½ TL Kurkuma
1 EL Koriander
1 Knoblauchzehe
4 Frühlingszwiebeln
1 Chilischote
3 EL Butter
½ TL Garam Masala (Gewürzmischung, Rezept in diesem Kochbuch)
Salz
Öl zum Frittieren

1 Für die Zubereitung des Brotes geben Sie das Mehl mit dem Salz in eine Schüssel und vermischen beides miteinander. Füllen Sie das Wasser dazu, bis Sie einen zähen Teig erhalten. Mischen Sie nun den Zitronensaft darunter.

2 Teilen Sie den Teig in 12 Teile und formen Sie kleine Bällchen daraus. Rollen Sie sie mit einem Nudelholz zu Fladen aus, die einen Durchmesser von etwa 10 Zentimetern haben. Bestreichen Sie jeden Fladen mit etwas Öl und stapeln Sie sie übereinander. Den obersten Fladen bestreuen Sie mit Mehl, dieser wird nicht mit Öl bestrichen.

3 Schneiden Sie nun aus dem Teigstapel ein Dreieck. Teilen Sie dieses einmal durch, so dass Sie zwei Dreiecke erhalten.

4 Heizen Sie den Backofen auf 220 °C Umluft vor, belassen Sie das Backblech dabei im Ofen, damit es heiß wird. Legen Sie die Teigdreiecke auf das heiße Blech und backen Sie sie für etwa 4 Minuten. Anschließend stellen Sie sie zum leichten Abkühlen beiseite, um dann die Teigdreiecke wieder auseinanderzunehmen.

5 Nun bereiten Sie die Füllung zu. Pellen Sie die Zwiebeln und den Knoblauch. Pressen Sie den Knoblauch in ein kleines Schälchen und hacken Sie beide Sorten Zwiebeln in kleine Stücke.

Nährwerte p. 100 g

530 kcal
73 g Kohlenhydrate
10 g Fett
33 g Eiweiß

6 Den Ingwer hacken Sie ebenfalls in kleine Stücke. Schmelzen Sie die Butter entweder in einem kleinen Topf oder für wenige Sekunden in der Mikrowelle. Spülen Sie den Koriander ab und hacken Sie ihn in feine Stücke. Säubern Sie die Chilischote und hacken Sie sie in kleine Stücke.

7 Mischen Sie das Hackfleisch mit der Kurkuma. Erhitzen Sie etwas Öl in einer Pfanne und braten Sie das Fleisch darin an.

8 Würzen Sie es mit dem Salz und geben Sie dann den gepressten Knoblauch, die Zwiebeln, den Ingwer, und die Chilischoten hinein. Braten Sie die Zutaten für wenige Minuten.

9 Anschließend geben Sie die Frühlingszwiebeln, die zerlassene Butter, die Gewürzmischung Garam Masala und die Korianderblätter in die Pfanne. Rühren Sie alle Zutaten zusammen.

10 Geben Sie nun auf jedes Teigdreieck etwas von der Füllung. Legen Sie ein Teigdreieck darüber und drücken Sie die Ränder zusammen. Bestreichen Sie die Ränder mit etwas Wasser und Mehl, damit sie besser zusammenkleben. Stellen Sie die gefüllten Teigtaschen für etwa 30 Minuten in den Kühlschrank.

11 Erhitzen Sie eine ausreichende Menge Öl zum Frittieren in einem Topf. Geben Sie die Teigtaschen hinein und frittieren Sie sie, bis sie knusprig werden.

CHIN CHIN (NIGERIANISCHES GEBÄCK)

2 Port.

60 Min.

Leicht

Zutaten

350 g Mehl
1 Ei
120 ml Milch
1 Zitrone, unbehandelt
6 EL Zucker
130 g Butter
1 Prise Muskatnuss, gerieben
1 Prise Salz
Frittierfett
etwas Mehl zum Ausrollen

Nährwerte p. P.

1489 kcal
157 g Kohlenhydrate
85 g Fett
23 g Eiweiß

1 Säubern Sie die Zitrone und reiben Sie die Schale ab.

2 Geben Sie das Mehl, die Zitronenschale, die Butter, das Ei, die Milch und 3 EL Zucker mit dem Salz und der Muskatnuss in eine Rührschüssel. Vermischen Sie die Zutaten mit einem Handrührgerät mit Knethaken zu einem geschmeidigen Teig.

3 Bestäuben Sie eine geeignete Arbeitsfläche mit Mehl und rollen Sie den Teig darauf aus. Er sollte etwa ½ Zentimeter dick sein.

4 Nun schneiden Sie den Teig in etwa 2 Zentimeter breite Streifen. Diese Streifen unterteilen Sie wiederum in etwa 8 Zentimeter lange Stücke. Drehen Sie die einzelnen Teigstücke 2- bis 3-mal um die eigene Achse. Legen Sie sie für 15 Minuten zum Trocknen auf eine Platte.

5 Währenddessen erhitzen Sie das Frittierfett auf 170 °C. Sie können sowohl einen Topf als auch eine Fritteuse verwenden. Frittieren Sie die einzelnen Kordeln, bis sie eine goldbraune Farbe angenommen haben. Wenden Sie sie zwischendurch einmal.

6 Legen Sie die Chin Chin auf ein Stück Küchenpapier, um sie zu entfetten. Anschließend geben Sie sie mit dem restlichen Zucker in eine Schüssel und mischen sie gut durch.

KARANTIKA (FASTFOOD AUS ALGERIEN)

4 Port.

70 Min.

Leicht

Zutaten

450 g Kichererbsenmehl
2 Eier
1½ TL Salz
150 g Rapskernöl
1600 ml Wasser
1 TL Kreuzkümmel
2 EL Rapskernöl
etwas Harissa (Rezept in diesem Kochbuch)

Nährwerte p. P.

864 kcal
66 g Kohlenhydrate
52 g Fett
26 g Eiweiß

1 Heizen Sie den Backofen auf 140 °C Ober-/Unterhitze vor.

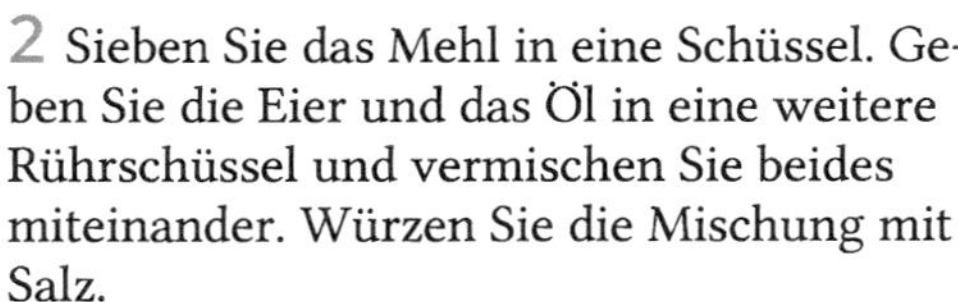

2 Sieben Sie das Mehl in eine Schüssel. Geben Sie die Eier und das Öl in eine weitere Rührschüssel und vermischen Sie beides miteinander. Würzen Sie die Mischung mit Salz.

3 Nun fügen Sie zunächst die Hälfte des gesiebten Mehls mit 600 ml Wasser hinzu. Vermischen Sie die Zutaten zu einem Teig. Geben Sie die restliche Menge des Mehls und des Wassers in die Schüssel. Rühren Sie alle Zutaten zu einem schaumigen Teig.

4 Fetten Sie eine Auflaufform mit Öl ein und geben Sie den flüssigen Teig hinein.

5 Backen Sie die Speise auf der mittleren Schiene für etwa 1 Stunde im Backofen. Wenn sich die Oberfläche nach der Backzeit noch nicht gebräunt hat, geben Sie die Speise für weitere 5 Minuten in den Backofen. Setzen Sie sie dann auf die oberste Schiene.

6 Zum Abschluss streuen Sie etwas Kreuzkümmel auf den Auflauf.

7 Zum Servieren schneiden Sie ein Baguette in zwei Hälften und streichen etwas Harissa darauf. Füllen Sie die gewünschte Menge Karantika in das Baguette und reichen Sie es auf einem Teller.

Tipp: Diese Speise hat in etwa die Konsistenz von Rührei und ist im unteren Bereich etwas fester als an der Oberfläche.

SÜDAFRIKANISCHE MUFFINS

12 Port.

45 Min.

Leicht

Zutaten

180 g Zucker, braun
250 g Mehl
200 ml Milch
180 g Haferflocken
100 ml Öl
1 Pck. Backpulver
2 Eier
1 Pck. Vanillezucker
1 Prise Salz

Nährwerte p. P.

279 kcal
41 g Kohlenhydrate
10 g Fett
6 g Eiweiß

1 Heizen Sie den Backofen auf 200 °C Umluft vor.

2 Geben Sie alle Zutaten in eine Rührschüssel. Vermengen Sie sie mit einem Handrührgerät zu einem glatten Teig.

3 Füllen Sie den Teig in Muffinförmchen und backen Sie die Muffins für etwa 20 Minuten im Backofen.

4 Nach der Backzeit stellen Sie die Muffins zum Abkühlen auf einen Küchenrost.

Desserts

HALVA (ÄGYPTISCHE SÜẞSPEISE)

1 Kastenform

150 Min.

Leicht

Zutaten

100 g Butter
150 g Puderzucker
2 Pck. Vanillezucker
100 g Pistazien
400 g Mehl
200 g Tahini (Sesammus)

Nährwerte p. 100 g

477 kcal
50 g Kohlenhydrate
25 g Fett
12 g Eiweiß

1 Erhitzen Sie eine Pfanne ohne Fett und rösten Sie die Pistazien darin an. Stellen Sie die Pistazien zum Abkühlen beiseite.

2 Erhitzen Sie die Butter in einem Topf und stellen Sie mit dem Mehl eine Mehlschwitze her. Bräunen Sie die Schwitze etwas an und geben Sie dann das Tahini sowie den Puderzucker und den Vanillezucker dazu. Verrühren Sie alles zu einer glatten Masse.

3 Zerhacken Sie die gerösteten Pistazien und mischen Sie sie in die Tahinimasse. Bestücken Sie eine Kastenform mit einem Stück Backpapier und geben Sie die Masse hinein.

4 Nach dem Abkühlen stellen Sie die Form für etwa 2 Stunden in den Kühlschrank. Anschließend können Sie das Halva in Würfel oder in Scheiben schneiden.

ASSIDA BIDHA TUNISIENNE

(TUNESISCHE SÜẞSPEISE)

 2 Port.
 20 Min.
 Leicht

Zutaten

100 ml Wasser
50 g Mehl
Mandeln, gehobelt, nach Belieben
25 ml Honig
etwas Butter, weich

Nährwerte p. P.

296 kcal
30 g Kohlenhydrate
17 g Fett
6 g Eiweiß

1 Vermengen Sie in einem Topf das Mehl mit dem Wasser. Erhitzen Sie es, bis eine dickliche Masse entsteht. Rühren Sie immer wieder um.

2 Erhitzen Sie in einem weiteren Topf den Honig.

3 Bestreichen Sie einen Teller mit der weichen Butter. Geben Sie die Mehlmischung auf den Teller und streichen Sie sie mit einem Messer zu einer runden Form. Bilden Sie in der Mitte eine Mulde.

4 Füllen Sie in die Mulde den warmen Honig und garnieren Sie die Speise mit den Mandeln. Servieren Sie dieses Dessert warm.

SELLOU (MAROKKANISCHE SÜßSPEISE)

15 Port.

75 Min.

Mittel

Zutaten

500 g Mehl
100 g Mandeln, geröstet, gehackt
200 g Mandeln, blanchiert, geröstet, gemahlen
150 g Honig
70 g Puderzucker
170 ml Öl
150 g Sesam, geröstet, gemahlen
1 TL Zimt
25 g Sesam, geröstet
1½ TL Anis, gemahlen
1 Prise Salz

Nährwerte p. P.

852 kcal
46 g Kohlenhydrate
61 g Fett
24 g Eiweiß

1 Heizen Sie den Backofen auf 180 °C Ober-/Unterhitze vor. Belegen Sie ein Blech mit Backpapier und verteilen Sie darauf das Mehl.

2 Rösten Sie das Mehl im Backofen für etwa 60 Minuten. Rühren Sie es zwischendurch um, damit eine gleichmäßige Röstung entsteht. Anschließend stellen Sie das Blech zum Abkühlen beiseite. Danach sieben Sie es in eine Rührschüssel. Die entstandenen Klumpen drücken Sie mit einem Löffel durch das Sieb.

3 Geben Sie die gemahlenen Mandeln, den gemahlenen Sesam, Puderzucker, Anis, Zimt und Salz dazu und vermischen Sie alles gut miteinander.

4 Erwärmen Sie den Honig in einem Topf und geben Sie ihn zusammen mit dem Öl zur Mehlmischung. Verkneten Sie alle Zutaten.

5 Nun füllen Sie die gehackten Mandeln und den gerösteten Sesam dazu und vermischen alles.

Tipp: Sollte Ihnen diese Mischung zu trocken sein, geben Sie entweder etwas mehr Öl oder mehr Honig dazu.

N´DIZI (KENIANISCHER BANANENKUCHEN)

1 Kastenform

120 Min.

Mittel

Zutaten

Teig:

125 g Butter
2 Bananen, groß und sehr reif
225 g Zucker
200 g Joghurt
250 g Mehl
1 TL Natron
1 TL Zitronenschale, gerieben
2 Eier
1 TL Backpulver
¼ TL Salz
1 TL Vanilleextrakt

N´Dizi:

1 EL Wasser
100 g Erdnüsse, gehackt + ungesalzen
4 Bananen, groß
4 EL Butter

Bananen-Sahne:

1 TL Vanilleextrakt
200 g Sahne
1 Banane, klein und sehr reif
2 EL Puderzucker

1 Heizen Sie den Backofen auf 180 °C Ober-/Unterhitze vor. Fetten Sie eine Kastenform ein und streuen Sie sie mit Mehl aus. Schmelzen Sie in einem Topf 125 g Butter und stellen Sie sie zum Abkühlen beiseite. Zerdrücken Sie mit einer Gabel 2 große Bananen.

2 Für den Teig geben Sie das Mehl mit dem Natron, dem Salz und dem Backpulver in eine Schüssel und vermengen die Zutaten miteinander.

3 Geben Sie die zerlassene Butter, den Zucker, das Vanilleextrakt und die abgeriebene Zitronenschale in eine zweite Schüssel. Vermixen Sie die Zutaten zu einer schaumigen Masse. Anschließend fügen Sie die Eier und das Bananenmus hinzu und rühren beides unter.

4 Nun mischen Sie nach und nach und im Wechsel die Mehlmischung und den Joghurt unter die Bananenmasse. Verrühren Sie alle Zutaten zu einem geschmeidigen Teig.

5 Füllen Sie den Teig in die Kastenform und backen Sie den Kuchen für etwa 50 bis 60 Minuten, bis er eine goldbraune Farbe angenommen hat. Prüfen Sie am Ende der Backzeit mit einem Zahnstocher, ob der Kuchen durchgegart ist. Sollte dies nicht der Fall sein, geben Sie ein Stück Alufolie über die Form und backen ihn noch ein paar Minuten weiter.

Nährwerte p. 100 g

248 kcal
30 g Kohlenhydrate
12 g Fett
4 g Eiweiß

6 Stellen Sie die Form für 10 Minuten beiseite, bevor Sie den Kuchen herausnehmen und zum Abkühlen beiseitestellen.

7 Heizen Sie nun den Backofen auf 200 °C Ober-/Unterhitze vor und belegen Sie ein Blech mit Backpapier. Bringen Sie 4 EL Butter in einem Topf zum Schmelzen.

8 Schälen Sie 4 große Bananen und schneiden Sie sie in Scheiben. Erhitzen Sie eine Pfanne ohne Fettzugabe und geben Sie die Bananenscheiben mit dem Wasser hinein. Dünsten Sie sie für etwa 2 Minuten mit aufgelegtem Deckel.

9 Anschließend tauchen Sie die Bananenscheiben erst in die geschmolzene Butter und wälzen sie dann in den gehackten Erdnüssen. Legen Sie die Scheiben auf das Backblech und backen Sie sie für etwa 12 Minuten. Drehen Sie sie nach der halben Backzeit einmal um. Nehmen Sie das Blech aus dem Ofen und stellen Sie es zum Abkühlen beiseite.

10 In der Zwischenzeit schlagen Sie die Sahne mit dem Puderzucker und dem Vanilleextrakt zu einer steifen Masse. Zerdrücken Sie die Banane und mischen Sie sie unter die Sahne.

11 Zum Servieren schneiden Sie den Kuchen in Scheiben, geben einen Klecks Bananensahne darauf und garnieren ihn mit den gebackenen Bananen.

MALVA-PUDDING

(SÜDAFRIKANISCHE SÜẞSPEISE)

4 Port.

30 Min.

Leicht

Zutaten

70 g Mehl
70 g Zucker
40 g Milch
15 g Butter
1 EL Marmelade
¼ TL Natron
1 TL Essig
1 Ei
1 Prise Salz
Vanillesoße
Rosinen
4 kleine Backförmchen oder Muffinförmchen

Nährwerte p. P.

198 kcal
35 g Kohlenhydrate
5 g Fett
3 g Eiweiß

1 Heizen Sie den Backofen auf 170 °C Umluft vor. Fetten Sie gegebenenfalls die Backförmchen ein und bestäuben Sie sie mit etwas Mehl.

2 Geben Sie die Marmelade in eine Rührschüssel und mixen Sie mit einem Handmixer das Ei und den Zucker unter. Verarbeiten Sie die Zutaten zu einer schaumigen Masse.

3 Vermischen Sie in einer weiteren Schüssel das Mehl mit dem Natron und dem Salz. Erhitzen Sie die Milch in einem Topf und geben Sie die Butter dazu. Zum Schluss füllen Sie den Essig hinein.

4 Anschließend geben Sie das Mehlgemisch und die Milchmischung zur Marmeladen-Ei-Mischung und rühren alle Zutaten kurz zusammen.

5 Verteilen Sie den Teig in die Backförmchen. Lassen Sie etwa 1 Zentimeter nach oben hin Luft. Backen Sie die Speise für etwa 25 Minuten. Sie sollte eine bräunliche Farbe angenommen haben. Nach der Backzeit stellen Sie die Förmchen zum Abkühlen beiseite und stürzen den Inhalt dann heraus.

6 Formen Sie jeweils in der Mitte eine Mulde und geben Sie hier etwas Vanillesoße hinein. Dekorieren Sie die Speise mit Rosinen.

Tipp: Diese Süßspeise kann kalt oder warm genossen werden.

MBTATA (SÜẞKARTOFFELPUDDING AUS MALAWI)

4 Port. 90 Min. Leicht

Zutaten

2 EL Margarine
1 Ei
3 TL Honig
2 Süßkartoffeln, groß
1 Orange, unbehandelt

Nährwerte p. P.

235 kcal
39 g Kohlenhydrate
6 g Fett
4 g Eiweiß

1 Schälen Sie die Kartoffeln und schneiden Sie sie in kleine Stücke. Kochen Sie die Kartoffeln, bis sie weich sind, und gießen Sie sie anschließend ab. Nach dem Ausdampfen zerdrücken Sie die Kartoffelstücke mit einer Gabel oder einem Stampfer.

2 Reiben Sie die Orangenschale ab und pressen Sie die Frucht anschließend aus. Trennen Sie das Eiweiß vom Eigelb.

3 Vermischen Sie alle Zutaten, außer das Eiweiß, mit dem Kartoffelbrei. Schlagen Sie das Eiweiß zu einem steifen Schnee und heben Sie es unter die Kartoffelmischung.

4 Heizen Sie den Backofen auf 200 °C Umluft vor. Fetten Sie eine Auflaufform ein und geben Sie den Kartoffelbrei in die Form. Backen Sie die Speise für etwa 45 bis 60 Minuten.

SÜẞER COUSCOUS

(NORDAFRIKANISCHE SÜẞSPEISE)

4 Port. 45 Min. Leicht

Zutaten

100 g Datteln
300 ml Wasser
12 EL Orangensaft
300 g Couscous
2 EL Butter
4 EL Mandeln
4 TL Öl
½ TL Zimt
1 Prise Pfeffer
1 Prise Salz

Nährwerte p. P.

485 kcal
73 g Kohlenhydrate
15 g Fett
10 g Eiweiß

1 Zunächst zerkleinern Sie die Mandeln und schneiden die Datteln in Streifen.

2 Erhitzen Sie 1 Esslöffel Butter in einer Pfanne und rösten Sie darin die Datteln und die Mandeln vorsichtig an. Geben Sie anschließend noch 1 Esslöffel Butter, den Orangensaft, das Salz und den Pfeffer dazu.

3 Füllen Sie das Wasser in einen Topf und geben Sie den Zimt dazu. Kochen Sie die Flüssigkeit einmal kurz auf.

4 Nun vermischen Sie den Couscous mit dem Öl und geben die Mischung in das Zimtwasser. Stellen Sie die Kochstelle aus, legen Sie einen Deckel auf den Topf und köcheln Sie die Zutaten für etwa 5 Minuten.

5 Zum Schluss vermischen Sie den Couscous mit der Dattelmischung. Servieren Sie die Speise lauwarm.

Getränke

SAHLAB (ÄGYPTISCHES MILCHGETRÄNK)

4 Port.

15 Min.

Leicht

Zutaten

1 l Milch
3 EL Maisstärke
2 EL Zucker (je nach Geschmack mehr oder weniger)
1 Prise Zimt
Gemahlene Mandeln nach Belieben
Kokosraspel nach Belieben

Nährwerte p. P.

49 kcal
5 g Kohlenhydrate
2 g Fett
3 g Eiweiß

1 Geben Sie etwas Milch in eine Tasse und verrühren die Maisstärke damit. Den Rest der Milch erhitzen Sie in einem Topf. Füllen Sie den Zucker und die Stärkemischung dazu. Unter Rühren köcheln Sie die Milch, bis sie dicklich wird.

2 Verteilen Sie die Milch auf Gläser und bestreuen Sie sie mit dem Zimt, den Kokosraspeln und den Mandeln.

CITRONADE TUNISIENNE

(TUNESISCHES ZITRONENGETRÄNK)

1,5 l

60 Min.

Leicht

Zutaten

300 g Zucker
2 Pck. Vanillezucker
1 kg Zitronen, unbehandelt
1,5 l Wasser

Nährwerte p. 1,5 l

1498 kcal
349 g Kohlenhydrate
5 g Fett
8 g Eiweiß

1 Säubern Sie die Zitronen gründlich und schneiden Sie die Enden ab. Teilen Sie sie in Viertel und entfernen Sie die Kerne. Anschließend schneiden Sie die Zitronenspalten in Scheiben.

2 Geben Sie die Zitronen in einen Topf und füllen Sie den Zucker und den Vanillezucker dazu. Stellen Sie den Topf für etwa 15 Minuten beiseite.

3 Anschließend erhitzen Sie die Zitronen, bis der Saft anfängt, zu köcheln. Jetzt gießen Sie etwa 1 Liter Wasser dazu und köcheln die Früchte für etwa 20 Minuten. Die Schalen der Zitronen sollen ganz weich werden.

4 Nach der Kochzeit pürieren Sie den Inhalt des Topfes mit einem Pürierstab zu einer geschmeidigen Masse. Anschließend füllen Sie den Brei durch ein Küchensieb und geben ihn wieder in den Topf. Füllen Sie das restliche Wasser dazu, bis ein Sirup entsteht. Es soll nicht zu flüssig werden. Schmecken Sie den Brei noch einmal mit Zucker nach Ihrem persönlichen Geschmack ab.

5 Füllen Sie dann den heißen Sirup in gut verschließbare Flaschen. Zum Servieren geben Sie eine Menge Sirup nach Bedarf in ein Glas und füllen kaltes Wasser hinzu.

THÉ À LA MENTHE

(MAROKKANISCHER MINZTEE)

8 Port. 20 Min. Mittel

Zutaten

100 g Würfelzucker
1,5 l Wasser
1 EL Gunpowder-Tee (Chinesischer grüner Tee)
8 Zweige Minze

Nährwerte p. 100 ml

53 kcal
13 g Kohlenhydrate
0 g Fett
0 g Eiweiß

1 Geben Sie den grünen Tee in eine hitzebeständige Kanne. Gießen Sie eine kleine Menge kochendes Wasser hinein und schwenken Sie die Kanne hin und her. Anschließend gießen Sie das Wasser weg und geben den Tee in einen Kochtopf.

2 Gießen Sie das restliche Wasser hinzu und kochen Sie es kurz auf. Anschließend stellen Sie den Topf für eine Minute beiseite.

3 Währenddessen geben Sie den Zucker und die Minze in die Teekanne. Füllen Sie das Teewasser hinein, indem Sie es durch ein Sieb laufen lassen.

DJINDJA (ANANASGETRÄNK AUS DEM SENEGAL)

1 Port.

30 Min.

Leicht

Zutaten

3 Tassen Wasser
10 g Butter
½ TL Salz
2 Tassen Maismehl, weiß (alternativ Mehl oder Hartweizengrieß)

Nährwerte p. P.

1085 kcal
221 g Kohlenhydrate
10 g Fett
8 g Eiweiß

1 Säubern und schälen Sie den Ingwer und schneiden Sie ihn in feine Würfel. Geben Sie den Ingwer zusammen mit der Hälfte des Wassers in einen Mixer und vermengen Sie beides miteinander. Anschließend seihen Sie die Flüssigkeit durch ein Küchensieb ab und fangen sie auf.

2 Pressen Sie die Limetten aus und geben Sie den Saft zum Ingwerwasser. Füllen Sie das restliche Wasser und den Ananassaft hinzu und mischen Sie die Zutaten gut durch. Zum Schluss geben Sie den Zucker in den Saft und rühren alles zusammen, bis er sich aufgelöst hat.

3 Stellen Sie den Saft vor dem Servieren in den Kühlschrank und garnieren Sie ihn mit den Minzblättern.

Tipp: Damit sich der Zucker schneller auflöst, können Sie ihn vor der Verwendung zu Puderzucker verarbeiten.

BISSAP (HIBISKUSBLÜTENTEE AUS MAURETANIEN)

1,5 l

Mehrere Stunden

Leicht

Zutaten

200 g Hibiskusblüten, getrocknet
1 l Wasser
1 TL Orangenblütenwasser
etwas Ananassaft (alternativ Minztee)
Zucker nach Belieben

Nährwerte p. 1,5 l

766 kcal
186 g Kohlenhydrate
0 g Fett
2 g Eiweiß

1 Kochen Sie in einem Topf oder in einem Wasserkocher einen Liter Wasser auf.

2 Geben Sie 200 g Hibiskusblüten in einen hitzebeständigen Krug und füllen Sie mit dem kochenden Wasser auf. Stellen Sie den Krug für mehrere Stunden zum Ziehen beiseite.

3 Nun können Sie den Tee nach Belieben mit Zucker abschmecken. Verfeinern Sie ihn mit dem Orangenblütenwasser und dem Ananassaft. Sie können auch Minztee verwenden.

Soßen, Aufstriche, Cremes & Dips

TAHINI (ÄGYPTISCHES SESAMMUS)

3 Port.

20 Min.

Leicht

Zutaten

300 g Sesam
1 Prise Meersalz
2–3 EL Sesamöl

Nährwerte p. P.

613 kcal
11 g Kohlenhydrate
52 g Fett
20 g Eiweiß

1 Füllen Sie den Sesam in einen leistungsstarken Zerkleinerer. Verarbeiten Sie den Sesam zu einem Mus. Geben Sie zwischendurch immer wieder etwas Sesamöl dazu.

2 Zum Schluss würzen Sie das Sesammus nach Geschmack mit dem Salz.

CURRY-DATTEL-DIP

(TUNESISCHER FRISCHKÄSEDIP)

4 Port.

20 Min.

Leicht

Zutaten

150 g Datteln, frisch
200 g Crème fraîche
2 Knoblauchzehen
300 g Frischkäse
½ TL Pfeffer
2 TL Currypulver
1 TL Paprikapulver, rosenscharf

Nährwerte p. P.

465 kcal
30 g Kohlenhydrate
34 g Fett
8 g Eiweiß

1 Pellen Sie den Knoblauch und pressen Sie ihn in eine Rührschüssel. Schneiden Sie die Datteln in kleine Stücke.

2 Geben Sie den Frischkäse und die Crème fraîche in die Schüssel mit dem gepressten Knoblauch und vermischen Sie alles gut miteinander.

3 Würzen Sie die Masse mit dem Paprikapulver, dem Currypulver und dem Pfeffer.

4 Mischen Sie die Datteln unter den Dip.

Tipp: Statt Datteln können Sie auch Dattelsirup verwenden.

CHERMOULA (MAROKKANISCHE SOẞE)

6 Port.

45 Min.

Leicht

Zutaten

1 Bund Koriander
1 Knoblauchzehe
3 Paprika, rot
1 Bund Petersilie
3 Tomaten
1 TL Paprikapulver, rosenscharf
1 TL Paprikapulver, edelsüß
3 EL Olivenöl
½ TL Kreuzkümmel
etwas Zitronensaft
1 Prise Pfeffer, schwarz
1 Prise Salz

Nährwerte p. P.

61 kcal
3 g Kohlenhydrate
5 g Fett
1 g Eiweiß

1 Heizen Sie den Backofen auf 240 °C Ober-/Unterhitze vor. In der Zwischenzeit säubern Sie die Paprika. Schneiden Sie sie zur Hälfte durch. Belegen Sie ein Blech mit Backpapier und legen Sie die Schoten mit der Haut nach oben darauf. Rösten Sie sie im Backofen, bis sich die Oberseite dunkel verfärbt. Nach dem Abkühlen entfernen Sie die Haut und schneiden die Paprika in Würfel.

2 Säubern Sie die Tomaten und übergießen Sie sie mit heißem Wasser. Anschließend entfernen Sie die Haut und schneiden das Fleisch in Würfel.

3 Pellen Sie den Knoblauch und hacken Sie ihn in feine Stücke. Spülen Sie die Kräuter ab und hacken Sie sie in feine Stücke.

4 Erhitzen Sie das Öl in einem Topf und geben Sie den Knoblauch, die Tomaten, die Paprika und die Gewürze hinein. Köcheln Sie die Zutaten bei geringer Temperatur für etwa 15 Minuten.

5 Schmecken Sie die Soße mit Salz, Pfeffer und dem Zitronensaft ab.

Tipp: Die Soße kann heiß oder kalt genossen werden. In einem verschließbaren Behältnis können Sie sie für etwa eine Woche im Kühlschrank aufbewahren.

BRAAI (SÜDAFRIKANISCHE TOMATENSOßE)

8 Port.

75 Min.

Leicht

Zutaten

1 Dose Tomaten, geschält (400 g)
1 Paprika, grün
15 g Ingwer, frisch
1 EL Tomatenmark
150 g Zwiebeln
40 g Zucker, braun
3 Knoblauchzehen
2 EL Tabasco
3 EL Olivenöl
25 ml Worcestershiresoße
1 EL Dijon-Senf
30 ml Aceto balsamico
2 TL Limettensaft
1 Prise Salz
1 Prise Pfeffer

Nährwerte p. P.

106 kcal
11 g Kohlenhydrate
6 g Fett
2 g Eiweiß

1 Pellen Sie die Zwiebeln und den Knoblauch. Schneiden Sie beides in feine Würfel. Säubern Sie die Paprika und schneiden Sie sie in Würfel. Schälen Sie den Ingwer und schneiden Sie ihn in kleine Stücke.

2 Erhitzen Sie das Öl in einer Pfanne und dünsten Sie darin den Knoblauch, die Zwiebeln, die Paprika und den Ingwer glasig an. Anschließend fügen Sie das Tomatenmark und den braunen Zucker dazu. Löschen Sie die Zutaten mit dem Essig ab und geben Sie die Tomaten, den Tabasco, die Worcestershiresoße und den Senf in die Pfanne.

3 Würzen Sie die Speise mit Salz und köcheln Sie sie bei niedriger Temperatur für etwa 45 Minuten, bis die Soße etwas eingekocht ist. Würzen Sie abermals mit Salz und außerdem mit Pfeffer und dem Limettensaft.

Tipp: Wenn Sie die Soße sofort nach dem Kochen in Einmachgläser geben, können Sie sie über eine längere Zeit aufbewahren und haben immer einen Vorrat parat.

AFRIKANISCHER SÜẞKARTOFFEL-ERDNUSS-DIP

4 Port.

20 Min.

Leicht

Zutaten

2 EL Erdnusscreme
200 g Süßkartoffel
1 TL Schwarzkümmelöl
1 TL Berbere (Rezept in diesem Kochbuch)
1 Prise Pfeffer
1 Prise Chilipulver

Nährwerte p. P.

101 kcal
13 g Kohlenhydrate
4 g Fett
2 g Eiweiß

1 Schälen Sie die Süßkartoffel und schneiden Sie sie in grobe Stücke. Kochen Sie sie in Salzwasser gar.

2 Geben Sie die Süßkartoffelstücke in eine Rührschüssel und fügen Sie alle anderen Zutaten hinzu. Pürieren Sie alles zu einem geschmeidigen Brei.

3 Schmecken Sie den Dip noch einmal mit den Gewürzen ab. Füllen Sie ihn in ein gut verschließbares Gefäß und bewahren Sie ihn im Kühlschrank auf.

BERBERE-SOẞE (SCHARFE SOẞE AUS ÄTHIOPIEN)

3 Port.

45 Min.

Leicht

Zutaten

2 EL Olivenöl
150 g Kokosjoghurt
3 EL Yaconsirup (alternativ Ahornsirup, Honig, Agavendicksaft o. Ä.)
6 Kardamomkapseln
10 Knoblauchzehen
15 g Basilikum
5 EL Balsamico bianco
3 Nelken
10 g Ingwer
1 TL Chiliflocken
2 EL Tomatenmark
70 g Zwiebeln
1 TL Senf
¼ TL Piment, gemahlen
½ TL Schwarzkümmelsamen
¼ TL Cayennepfeffer
½ TL Bockshornkleesamen
¼ TL Pfeffer, schwarz
½ TL Kreuzkümmelsamen
½ TL Salz
½ TL Zimt, gemahlen

Nährwerte p. P.

212 kcal
24 g Kohlenhydrate
10 g Fett
4 g Eiweiß

1 Holen Sie die Samen aus den Kardamomkapseln heraus und geben Sie sie in einen Mörser. Füllen Sie die Schwarzkümmelsamen, die Kreuzkümmelsamen, die Nelken und die Bockshornkleesamen dazu und verarbeiten Sie alles zu einem Pulver.

2 Pellen Sie die Zwiebeln und den Knoblauch. Schneiden Sie die Zwiebeln in kleine Würfel und hacken Sie den Knoblauch in feine Stücke. Schälen Sie den Ingwer und hacken Sie ihn ebenfalls in kleine Stücke. Spülen Sie das Basilikum ab und schneiden Sie es in grobe Teile.

3 Erhitzen Sie das Olivenöl in einer Pfanne und dünsten Sie darin die Zwiebeln und den Knoblauch an. Fügen Sie den Ingwer dazu und dünsten Sie ihn für kurze Zeit mit. Streuen Sie nun den Pfeffer, das Salz, die Chiliflocken, den Zimt, das Piment und den Cayennepfeffer darüber. Dünsten Sie die Zutaten für etwa eine Minute.

4 Anschließend füllen Sie den Balsamico, das Tomatenmark, den Senf und den Yaconsirup hinein. Rühren Sie alle Zutaten zusammen und köcheln Sie die Soße bei mittlerer Temperatur für etwa 5 Minuten.

5 Geben Sie die Soße in eine hitzebeständige Schüssel und pürieren Sie sie mit einem Pürierstab. Geben Sie das Basilikum dazu und mixen Sie es kurz mit ein. Stellen Sie die Schüssel zum Abkühlen beiseite.

6 Kurz bevor Sie die Soße verwenden möchten, geben Sie den Joghurt dazu und rühren ihn unter die Masse. Schmecken Sie die Soße noch einmal ab.

Afrikanische Gewürzmischungen

BAHARAT (ÄGYPTISCHE GEWÜRZMISCHUNG)

1 Port.

10 Min.

Leicht

Zutaten

4 TL schwarze Pfefferkörner
1 TL Zimt
1 TL Kardamom, gemahlen
1 TL Kreuzkümmel
4 TL Cayennepfeffer
2 Gwürznelken
1 TL Koriandersamen
Muskatnuss nach Belieben

1 Füllen Sie die Gewürznelken, die Pfefferkörner und die Koriandersamen in einen Mörser. Zerkleinern Sie die Gewürze zu einem Pulver.

2 Nun füllen Sie alle anderen Zutaten dazu und mischen alles zu einer Gewürzmischung zusammen.

HARISSA (TUNESISCHE CHILIPASTE)

20 a
190 g

80 Min.

Leicht

Zutaten

5 Knoblauchzehen
1 EL Zitronensaft
1 EL Tomatenmark
50 g Olivenöl
50 g Chilischoten, groß und getrocknet (scharf oder mild)
½ TL Kümmelsamen
½ TL Koriandersamen
½ TL Kreuzkümmelsamen
½ EL Weißweinessig
½ TL Salz
1 TL Paprikapulver

1 Geben Sie die Chilischoten in einen Topf. Übergießen Sie sie mit kochendem Wasser, decken Sie den Topf ab und stellen Sie ihn für etwa eine Stunde beiseite.

2 Füllen Sie Kümmelsamen, Kreuzkümmelsamen und Koriandersamen in eine Pfanne ohne Fett. Rösten Sie die Gewürze kurz an und zermahlen Sie sie anschließend in einem Mörser.

3 Pellen Sie den Knoblauch und geben Sie ihn in eine Schüssel. Nehmen Sie die Chilischoten aus dem Wasser, entfernen Sie die Kerne und geben Sie sie zum Knoblauch. Pürieren Sie beides mit einem Pürierstab.

4 Geben Sie die gerösteten Gewürze und alle restlichen Zutaten zum Chiligemisch und verrühren Sie alles miteinander.

5 Füllen Sie die Chilipaste in Gläser mit 200 ml Fassungsvermögen. Lagern Sie die Paste im Kühlschrank.

RAS EL-HANOUT

(ARABISCHE GEWÜRZMISCHUNG)

1 a 200 g.

15 Min.

Leicht

Zutaten

1 EL Zimt, gemahlen
3 EL Koriandersamen
1 EL Paprikapulver, edelsüß
2 TL Gewürznelken, gemahlen
2 EL Kreuzkümmel
1 EL Kurkuma
1 TL Chili, geschrotet
2½ TL Pfefferkörner, schwarz
2 EL Kardamomsamen
1 EL Ingwer, gemahlen

1 Erhitzen Sie eine Pfanne ohne Fett und rösten Sie nacheinander den Kreuzkümmel, die Pfefferkörner, die Koriandersamen und die Kardamomsamen darin an. Anschließend zermahlen Sie die Gewürze mit einem Mörser.

2 Geben Sie die gerösteten Gewürze mit den übrigen Zutaten in eine Schüssel und vermengen Sie sie gut miteinander.

3 Füllen Sie die Gewürzmischung in ein gut verschließbares Glas.

Tipp: Mit dieser Gewürzmischung können Sie sämtliche arabischen Gerichte verfeinern. Es ist über einige Monate haltbar.

CHAKALAKA (AFRIKANISCHE GEWÜRZMISCHUNG)

 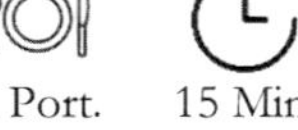 

1 Port. 15 Min. Leicht

Zutaten

4 EL Röstzwiebeln
1 EL Paprikapulver, rosenscharf
1 EL Paprikapulver, edelsüß
4 EL Zwiebeln, getrocknet
3 EL Chilifäden
20 Tomaten, getrocknet, ohne Öl
8 EL Suppengrün, getrocknet

1 Schneiden Sie die getrockneten Tomaten in feine Würfel.

2 Geben Sie die Tomaten mit den Röstzwiebeln, den Zwiebeln und dem Suppengrün in einen elektrischen Zerkleinerer. Zermahlen Sie die Gewürze so fein wie möglich.

3 Anschließend fügen Sie die Chilifäden und beide Sorten Paprikapulver dazu und mixen alles noch einmal kurz durch.

Tipp: Mit dieser Gewürzmischung können Sie Gemüse und Fleisch sowie Soßen verfeinern. Verwenden Sie es vorsichtig, damit die Speise nicht zu scharf wird.

GARAM MASALA

(GEWÜRZMISCHUNG FÜR DIE SÜDAFRIKANISCHE KÜCHE)

1 Port.

15 Min.

Leicht

Zutaten

2 Nelken
2 EL Pfeffer
1 TL Paprikapulver, geräuchert
2 EL Koriandersamen
1 EL Zimt, gemahlen
1 TL Kurkuma, gemahlen
5 Kardamomkapseln
1 EL Kreuzkümmel, gemahlen

1 Geben Sie die Nelken, die Kardamomkapseln und die Koriandersamen in einen Mörser und zerstoßen Sie die Gewürze zu einem feinen Pulver.

2 Fügen Sie anschließend den Zimt, den Pfeffer, die Kurkuma, den Kreuzkümmel und das Paprikapulver dazu. Zermahlen Sie noch einmal alle Zutaten und vermischen Sie sie miteinander.

3 Füllen Sie das Gewürz in ein gut verschließbares Gefäß.

BERBERE (GEWÜRZMISCHUNG AUS ÄTHIOPIEN)

1 Port. 30 Min. Leicht

Zutaten

½ TL Pimentkörner
½ TL Gewürznelken
½ TL Koriander, gemahlen
1 TL Ingwer, gemahlen
1 TL Bockshornklee
75 g Chiliflocken
50 g Paprikapulver
½ TL Muskatnuss, gerieben
½ TL Kreuzkümmel
½ TL Zimt, gemahlen
½ TL Kardamom
1 Prise Salz
1 Prise Pfeffer

1 Geben Sie die Gewürzsamen Pimentkörner, Gewürznelken, Bockshornklee, Kreuzkümmel und Kardamom in eine Pfanne ohne Fettzugabe und rösten Sie sie kurz an. Stellen Sie die Pfanne zum Abkühlen beiseite.

2 Anschließend füllen Sie die gerösteten Samen in einen Mörser und zermahlen alle Zutaten, bis Sie die von Ihnen gewünschte Konsistenz erreichen.

3 Nun mischen Sie die gemahlenen Gewürze Koriander, Ingwer, Chiliflocken, Paprikapulver, Zimt, Salz und Pfeffer darunter. Füllen Sie die gesamte Gewürzmischung in ein gut verschließbares Glas. Sie können sie für mehrere Monate lagern.

PILAW MASALA

(GEWÜRZMISCHUNG AUS UGANDA)

 5 Port.  10 Min.  Leicht

Zutaten

1 TL Nelken, gemahlen
2 TL Kreuzkümmelsamen
1 TL Kardamom, gemahlen
1 TL Pfefferkörner, schwarz
1 TL Zimt, gemahlen

1 Füllen Sie alle Zutaten in eine Pfanne ohne Fettzugabe. Rösten Sie sie bei mittlerer bis hoher Temperatur, bis Sie ein angenehmes Aroma verspüren.

2 Stellen Sie die Pfanne zum Abkühlen beiseite. Anschließend geben Sie die Gewürze in einen Mörser und verarbeiten sie zu einem feinen Pulver.

3 Füllen Sie die Gewürzmischung zur Aufbewahrung in ein verschließbares Gefäß.

MASSAI-GRILLGEWÜRZ

(GEWÜRZMISCHUNG AUS OSTAFRIKA)

10 g

10 Min.

Leicht

Zutaten

2 g Senfkörner, gemahlen
½ TL Salz, geräuchert
1 g Rohrzucker
1 g Ingwer, gemahlen
½ TL Meersalz
1 g Chilipulver, scharf
2 g Knoblauch, gemahlen
1 Prise Koriander
1 Prise Kreuzkümmel

1 Geben Sie alle Gewürze in eine Schüssel und vermischen Sie sie sorgfältig miteinander.

2 Füllen Sie das Gewürz in ein gut verschließbares Gefäß.